A REFORMA AGRÁRIA

FOLHA
EXPLICA

A REFORMA AGRÁRIA

EDUARDO SCOLESE

PUBLIFOLHA

Editor
Arthur Nestrovski

Produção editorial
Paulo Nascimento Verano (2005)

Editor-assistente
Rodrigo Vilella (2008)

Assistência editorial
Júlia Duarte (2005)

Capa
Publifolha

Projeto gráfico da coleção
Silvia Ribeiro

Produção gráfica
Soraia Pauli Scarpa

Assistência de produção gráfica
Celso Imperatrice (2005)
Mariana Metidieri (2008)

Revisão
Leny Cordeiro
Renato Potenza

Fotos
Folha imagem: Edson Silva (capa – imagem do assentamento Ibitiúva, em Pitangueiras, SP – e pág. 99), Ormuzd Alves (p. 11), Sérgio Lima (p. 50), Jorge Araújo (p. 62)

Editoração eletrônica
Crayon Editorial

Dados internacionais de Catalogação na Publicação (CIP)
(Câmara Brasileira do Livro, SP, Brasil)

Scolese, Eduardo
A reforma agrária / Eduardo Scolese – São Paulo : Publifolha, 2005. – (Folha explica)

Bibliografia.
ISBN 85-7402-219-5

1. Movimentos sociais 2. Posse da terra – Brasil 3. Reforma agrária 4. Reforma agrária – Brasil 5. Violência I. Título. II. Série.

05-0217 CDD-333.31

Índices para catálogo sistemático:
1. Reforma agrária 333.31

1ª reimpressão

PUBLIFOLHA
Divisão de Publicações do Grupo Folha

Al. Barão de Limeira, 401, 6° andar CEP 01202-900, São Paulo, SP
Tel.: (11) 3224-2186/2187/2197
www.publifolha.com.br

SUMÁRIO

Agradeço, pela troca de informações e importantes sugestões, a Bernardo Mançano Fernandes, Horácio Martins de Carvalho, José Eli da Veiga, José de Souza Martins e Zander Navarro.

Pelo incentivo e pelas dicas, a Oscar Pilagallo, Eduardo de Oliveira, Jairo Marques, Julia Duailibi, Leonêncio Nossa, Rubens Valente e Tiago Aguiar.

Pelo auxílio às pesquisas, ao Banco de Dados da Folha de S.Paulo.

Para Bruna e Renata.

INTRODUÇÃO

Na tarde de 4 de fevereiro de 2003, pouco mais de um mês após Luiz Inácio Lula da Silva ter assumido a Presidência da República, um grupo de aproximadamente 400 sem-terra ligados ao Movimento dos Trabalhadores Rurais Sem Terra (MST) bloqueou uma estrada no interior de Alagoas e manteve refém por cinco horas um secretário estadual de governo.

No dia seguinte à barricada, fotos nas primeiras páginas dos jornais mostraram tais sem-terra munidos de pedaços de pau, foices e facões, expondo um clima de tensão no campo deixado como herança por seguidos governos e que marcaria pelo menos os dois primeiros anos da gestão de Lula.

Entre os anos de 2002, o último de Fernando Henrique Cardoso na Presidência, e 2003, o primeiro de Lula no Palácio do Planalto, o número de famílias sem terra acampadas[1] à espera de um lote saltou de 60 mil para 200 mil; as invasões de terra avançaram de

103 para 222; e os assassinatos motivados por conflitos fundiários passaram de 20 para 42.

A reforma agrária no Brasil, muitas vezes anunciada, foi mais uma vez apontada como um compromisso de governo. Uma prioridade que, assim como na gestão FHC (1995-98 e 1999-2002), passou a caminhar a reboque das pressões dos movimentos e demais entidades do campo. Ou seja, tudo feito às pressas, deixando de lado um suposto planejamento qualitativo.

De um lado, a revolta dos fazendeiros com as seguidas invasões. E, de outro, a decepção dos sem-terra com as promessas não cumpridas e o acúmulo de famílias vivendo debaixo de barracos de lona. Algumas delas, aliás, acampadas pela falta de emprego nos centros urbanos, enquanto outras sendo usadas como instrumento de pressão dos movimentos sociais contra os governos estaduais e o governo federal.

No Brasil, a concentração fundiária (muita terra em nome de poucos proprietários) remonta à criação das capitanias hereditárias, no início da colonização portuguesa. A partir disso, o que se viu em relação à reforma agrária foram seguidas tentativas de realizá-la – ou de impedi-la.

A realidade é que a demanda por terra no país tem permanecido acima da capacidade e da vontade de realização dos governos. No segundo mandato de FHC, pelo menos 800 mil famílias (cerca de 3,3 mi-

[1] Tratar de acampamento de trabalhadores rurais, na prática, é falar em precariedade e falta de infra-estrutura básica, como água tratada, energia elétrica e rede de esgoto. Cada família recebe uma cesta básica a cada quatro meses, mais ou menos. Homens, mulheres e crianças vivem debaixo de barracos de lonas pretas, sob o sol do dia e o frio da noite, localizados, em sua maioria, à beira de estradas nordestinas. Só em Pernambuco havia cerca de 20 mil famílias nessas condições ao final de 2003, segundo o governo federal.

lhões de pessoas) preencheram fichas nos Correios para concorrer a um lote de terra. Em seus oito anos de governo, porém, pouco mais de 300 mil famílias foram assentadas.

O campo brasileiro, apesar de o país ter passado nas últimas décadas por mudanças sociais, políticas e econômicas, aparece num mesmo cenário explosivo, com os trabalhadores rurais se organizando em movimentos, entidades e sindicatos; os fazendeiros criando associações para defender seus interesses; e as leis, desde 1850, sendo aprovadas tanto para acelerar como para frear as políticas de reforma agrária.

No dia-a-dia do país, quase que de forma banalizada, tornaram-se rotina as invasões a fazendas e a prédios públicos, os saques de alimentos (principalmente no Nordeste), as barricadas nas estradas, os assassinatos de trabalhadores rurais e a conseqüente impunidade dos criminosos, a criação de milícias armadas de fazendeiros, o desrespeito à Constituição, a grilagem[2] de terra e a manutenção de trabalhadores em regime análogo à escravidão, além do ritmo lento dos governos para a realização de uma necessária reforma agrária (ou seja, a distribuição de um pedaço de terra para milhares de pobres que nasceram e ainda vivem no campo). A seguir, em breves páginas, uma tentativa de resumir a origem, os desdobramentos e a conseqüência de tudo isso.

---

[2] Grilagem é o processo de apropriação de terras públicas e alheias por meio da falsificação dos títulos de propriedade. A origem do termo é a seguinte: primeiro o fazendeiro falsificava a escritura de uma determinada área. Em seguida, para dar uma aparência antiga aos documentos, colocava a papelada em uma gaveta cheia de grilos. Corroída e amarelada por substâncias liberadas pelos insetos após cinco semanas, as escrituras pareciam autênticas.

Sem-terra marcham para Brasília, acompanhados por servidores públicos, militantes da CUT e do movimento estudantil (17/4/1997)

1. A REFORMA AGRÁRIA NO MUNDO

A expressão "reforma agrária", em geral, está associada ao conceito de revolução camponesa. Em sociedades desenvolvidas, portanto, a discussão poucas vezes gira em torno dela.

O Brasil, por sua notória concentração de terras e pelo fato de ainda estar em desenvolvimento, inclui-se entre aqueles que debatem o tema como uma necessidade a curto prazo. Não apenas para ajudar a pôr fim a uma injusta distribuição de propriedades, mas também para impulsionar, desde que aplicada de forma ordenada e qualitativa, a agricultura do país.

Para o MST, por exemplo, seus objetivos não param no momento em que o camponês recebe um lote de terra. Para o movimento, além de buscar créditos e infra-estrutura aos beneficiados pelos projetos de assentamento, é preciso mudar os conceitos capitalistas da sociedade. "Nossa base doutrinária não é sectária nem dogmática. Nós nunca nos expressamos contra o capitalismo porque alguém nos deu uma aula de que o capitalismo é perverso. O movimento sempre se expressou contra a exploração do trabalho dos camponeses. E debatemos a idéia de que a reforma agrária pode ser uma forma de eliminar a exploração", disse João Pedro Stedile, economista e principal porta-voz do MST, em entrevista à *Folha de S.Paulo*.[3]

Registra-se que a primeira reforma agrária maciça[4] ocorreu na Pérsia, no século 5 da era cristã. Ou seja, cerca de 1.500 anos atrás. À época, naquela região, houve uma reação em cadeia contra os senhores feudais.

Liderados por Mazdak, trabalhadores rurais e escravos invadiram as terras dos senhores, libertaram as mulheres mantidas enclausuradas e saquearam castelos e cidades. Tudo isso, porém, durou apenas uma geração. Coroes, filho do imperador persa Kavadh (julgado e expulso pelos camponeses), retomou o poder local, expulsou os trabalhadores rurais das terras e aniquilou por completo a revolta dos mazdakistas.[5]

Em linhas gerais, em todo o mundo, os processos de reforma agrária que se tornaram mais conhecidos e conseqüentemente ganharam pitadas de simbolismo foram aqueles ocorridos sob um clima de revolução com camponeses armados – algo que atualmente no Brasil não seria uma idéia viável nem sequer para iniciar uma discussão. As mais bem-sucedidas, porém, foram as que ocorreram de forma rápida e pacífica.

"A modificação da estrutura agrária de um país, ou região, com vistas a uma distribuição mais eqüitativa da terra e da renda agrícola é a definição mais

---

[3] 19/1/2004.

[4] Termo utilizado para identificar uma reforma agrária quantitativa e que, ao mesmo tempo, seja capaz de provocar mudanças na concentração de terras do país.

[5] Mitsue Morissawa, *A História da Luta pela Terra e o MST*. São Paulo: Expressão Popular, 2001.

usual de reforma agrária. Tal enunciado consta de qualquer bom dicionário. Como geralmente acontece com as conceituações sintéticas, nela está apenas implícita uma idéia-chave para o seu entendimento: de que se trata de uma intervenção deliberada do Estado nos alicerces do setor agrícola. É isso que permite distinguir reforma agrária de transformação agrária."[6]

O texto acima, do economista José Eli da Veiga,[7] já buscava resumir uma definição para o que vem a ser "reforma agrária". Acontece, porém, que nas últimas décadas o tema no Brasil tem girado em torno principalmente de questões políticas, o que cria atritos entre setores governamentais e partidos de oposição e de ruralistas diante dos movimentos sociais. É a conhecida batalha entre camponeses e latifundiários, em meio à concentração de terra[8] e à necessidade de aumentar a produção agrícola e a oferta alimentar e ainda acomodar em lotes os trabalhadores rurais sem terra.

REFORMAS AGRÁRIAS

A realidade é que para chegar a um indicativo de conceito para reforma agrária deve-se, em primeiro lugar, conhecer um pouco desses processos em diferentes épocas, principalmente a partir do século 20, e em

---

[6] José Eli da Veiga, *O Que é Reforma Agrária*. São Paulo: Brasiliense, 1981.

[7] Professor de economia da USP e secretário executivo do Conselho Nacional de Desenvolvimento Rural Sustentável no governo Fernando Henrique Cardoso.

[8] "A concentração de terras no Brasil se manteve estável num nível relativamente alto de 1967 a 1999, segundo dados das estatísticas cadastrais do Incra. O índice de Gini, que varia de zero a um, oscilou entre 0,831 e 0,854 no período. Quanto mais próximo de um, maior é a concentração, ou seja, mais terras estão nas mãos de poucos proprietários." (*Folha de S.Paulo*, 13/7/2003)

diferentes países e continentes, onde ocorreu uma série de reformas, sendo todas elas distintas em suas formas de implantação, mas com semelhantes motivações.

Um desses alicerces é a análise das guerras camponesas seguidas de reformas tanto na Rússia como no México. Tornaram-se emblemáticos também os casos ocorridos na China, após sua revolução, e no Vietnã, com a expulsão dos franceses de seu território.

Importante mencionar os movimentos de independência dos povos colonizados, que originaram uma onda de reformas a partir da década de 1950, principalmente em países islâmicos do Oriente Médio e do Norte da África, assim como na Índia.

Na América Latina, Cuba é um primeiro exemplo de reforma agrária implantada dentro de um processo de revolução socialista, ocorrida a partir de 1959. Até então, o país vivia sob total influência norte-americana e, antes de 1868, dos espanhóis, de quem conseguiu, naquele ano, sua independência. Antes da revolução, o país vivia com as melhores fatias de suas terras destinadas às sociedades açucareiras dos Estados Unidos.

A população cubana era de aproximadamente 5,5 milhões de habitantes – 9% deles (500 mil) eram cortadores de cana e cerca de 50 mil, trabalhadores de engenhos. O trabalhador do campo cubano não tinha um perfil do camponês que buscava o acesso à terra como seu primeiro objetivo. Tinha outra visão à frente, como direito a um salário mínimo, férias, educação e serviço médico, por exemplo. Era uma demanda semelhante à do trabalhador da indústria.

Mas, para a formação de seu exército, Fidel Castro e Ernesto Che Guevara tiveram de cativar os agricultores, convencendo a todos da necessidade de mudanças profundas na ilha. "O soldado que integrava nosso primeiro exército guerrilheiro de tipo camponês deriva da parte desta classe social que demonstra mais agressivamente o que se pode catalogar como espírito pequeno-burguês: o camponês luta porque quer terra, para ele, para seus filhos, para manejá-la, para vendê-la e enriquecer-se através do trabalho", afirmou Che Guevara, logo após a Revolução de 1959.[9]

De imediato, a revolução permitiu algumas mudanças no campo cubano. Houve uma parcial distribuição de terras e criaram-se importantes explorações agrícolas coletivas. Na primeira fase da reforma agrária cubana, cerca de 59% das propriedades ficaram sob o comando de particulares, 12% em cooperativas e 29% nas chamadas "granjas do povo", que, segundo Fidel, são "unidades de 20 mil a 40 mil hectares, com cultivos diversificados, que são propriedade não somente dos que cultivam, mas também de todo o povo de Cuba".[10]

Numa segunda etapa da reforma agrária, as cooperativas começaram a perder espaço (seria um formato de sustentação do individualismo). A agricultura estatal, por sua vez, tomou impulso, com o princípio da coletivização.

LATIFÚNDIOS NA AMÉRICA LATINA

Há também os casos de reformas interrompidas devido a golpes de Estado, como no Chile e em Portugal, e de mudança nas estruturas agrárias na América Latina, como na Nicarágua. Vale citar ainda o caso venezuelano, quan-

---

[9] Fernando Sanz-Pastor, *A Urgência da Reforma Agrária – Um Enfoque Histórico*. São Paulo: Nerman, 1988.

[10] Idem.

do, após o governo ter anunciado que faria a reforma agrária em zonas de tensão, os fazendeiros passaram a manipular conflitos com seus funcionários. Um recebia uma indenização, e os outros ficavam como colonos da terra.

Entre 1945 e 1950, período que antecedeu à maioria dos processos de reforma agrária na América Latina (com exceção do México, onde já havia ocorrido a partir de 1910), a concentração de latifúndios na região era notória. Nesses países, em média, 46% das áreas tinham acima de mil hectares – extensão equivalente a 1.500 campos de futebol.[11]

A Bolívia registrava o maior percentual, com 91,9% de suas propriedades acima de mil hectares. Na seqüência, apareciam Uruguai (83,2%), México (79,4%) e Venezuela (78,6%). O Brasil, com 50,8%, aparecia na sexta posição. No pé do *ranking*, El Salvador (19,9%) e Panamá (12,2%).

O tamanho médio dessas propriedades acima de mil hectares variava de acordo com cada país. No Brasil, por exemplo, a média era de 3.800 hectares. No México, de 3.680 ha, e na Colômbia, de 2.850 ha.

No Brasil, entre 1920 e 1970, a soma da extensão de áreas acima de mil hectares saltou de 111 milhões para 116 milhões de hectares. Sua participação em relação ao total de terras do país caiu de 70% para 40%. Por volta de 1950, como já relatado, estava na casa dos 50%.

A queda desse percentual não ocorreu em razão de uma reforma agrária no país. A justificativa é que a valorização das terras (por causa do desenvolvimento dos transportes e o aumento da densidade da popula-

---

[11] Jacques Lambert, *América Latina*. São Paulo: Editora Nacional, 1979.

ção) incentivou os grandes proprietários a negociar parte de suas áreas.

PÓS-GUERRA

Como reformas de peso, no período que sucedeu à Segunda Guerra Mundial, há os casos de Taiwan, Itália, Coréia e Japão.

Em depoimento para este livro, José Eli da Veiga afirma que as chamadas reformas agrárias modernas ocorreram numa tentativa de buscar a viabilidade dos agricultores familiares. O sucesso dos processos, segundo ele, veio diretamente acompanhado da rapidez das ações dos governos, o que evitou conflitos e, em alguns casos, proporcionou até lucro para o país. Ele cita os exemplos do Leste Asiático.

No Japão, por exemplo, o processo de reforma agrária foi muito rápido, de abril de 1947 a dezembro de 1948. A terra passou aos camponeses a partir dos proprietários absenteístas (herdeiros de lotes que moravam nas cidades e exploravam o local por meio de arrendatários). "A tarefa da reforma foi transformar os arrendatários em proprietários", diz Veiga. "Tudo planejado por especialistas do Departamento de Estado dos Estados Unidos durante a Segunda Guerra Mundial."

Houve o seguinte acordo para a transferência das terras: os agricultores-proprietários (os antigos arrendatários) teriam 20 anos para pagar ao governo, enquanto o antigo dono da terra receberia, no mesmo período, a quantia (calculada com base na produção local de arroz) pela desapropriação de sua terra.

Entretanto, um processo inflacionário sem correção monetária ocorrido logo após a guerra fez com que os agricultores-proprietários quitassem antes do tempo suas dívidas com o Estado, que, por sua vez, manteve o pagamento em 20 parcelas aos antigos donos. "A rigor, os proprietários expropriados receberam indenizações tão insignificantes que é possível dizer que suas terras foram confiscadas numa reforma agrária radical", afirma Veiga.

CASOS EMBLEMÁTICOS

México

A Revolução Mexicana, a partir de 1910, foi a luta de uma população marginalizada contra as camadas dominantes (Igreja, Exército e latifundiários), um verdadeiro levante popular que não precisou ter estratégias nem rumos tocados por partidos políticos, programas e ideologias fixas.

Sob os comandos dos presidentes Benito Juárez e depois Porfirio Díaz, o México, como a maioria dos países colonizados, tinha suas terras divididas por meio de concessões entregues por espanhóis (na prática, latifúndios, chamados de *haciendas*) e outra grande parte formada por territórios indígenas.

Uma primeira opção mexicana para reverter tal concentração foi, após a revolução da coroa espanhola (em 1821, ainda sob o nome de Nova Espanha), colocar à venda as propriedades da Igreja e dividir o espaço indígena em áreas individuais. A idéia, à época, era constituir uma classe média rural independente – o que, de fato, não ocorreu, pelo simples fato de os latifundiários terem arrematado a maior parte das terras que estavam à venda, aumentando, assim, ainda mais a concentração de terras.

A revolução no campo viria em 1910, após rebeliões rurais terem sido sufocadas pela ditadura de Díaz. Francisco Madero, um latifundiário liberal, deu o pontapé inicial. Em seguida, surgiram líderes no sul do país, como Emiliano Zapata,[12] e no norte, como Doroteo Arango, mais conhecido por Pancho Villa.

Zapata e Villa, porém, tinham rumos diferentes, apesar de lutarem juntos pela reforma agrária. Zapata, ao tomar as terras dos latifundiários, imediatamente as dividia entre os camponeses pobres de determinada região, enquanto Villa as entregava ao Estado, que, por sua vez, repassava o domínio da posse a generais – o que, de fato, ajudava a construir outra classe dominante.

As formas de combate também eram diferenciadas. Os zapatistas buscavam lutar nas montanhas e somente deixavam tais locais em casos de extrema necessidade. Os grupos comandados por Villa, porém, formados por vaqueiros e bandidos, conseguiam negociar produtos confiscados por armas.

Zapata e seu exército de camponeses enxergavam um começo e um fim em cada batalha. Conquistavam a terra e já iniciavam sua exploração, uma visão estritamente agrária que, na prática, ajudou a derrubá-los. A revolução duraria mais de uma década, com os assassinatos de Zapata, em 1919, e Villa, em 1923.

Seu resultado positivo foi parcial, diante de cerca de 2 milhões de mortos. As facções burguesas que controlaram a revolução não realizaram uma distribuição

---

[12] "A família Zapata era de rancheiros que haviam participado de lutas contra o partido conservador mexicano e os franceses. Tinha a fama da região, de defender a população local das incursões de bandidos. Emiliano montava a cavalo como poucos, vestia-se com calças apertadas, grandes esporas, colete curto e chapéu de abas largas debruado de ouro." (Eric R. Wolf, *Guerras Camponesas do Século XX*. São Paulo: Global Editora, 1984)

geral de terras, mas a oferta de empregos cresceu no campo, e os índios puderam permanecer nas terras que haviam conquistado.

Uma reforma agrária maciça viria em 1934 sob o comando de Lázaro Cárdenas – 16,5 milhões de hectares foram distribuídos nos seis anos seguintes, contra 6,8 milhões de hectares entre 1910 e 1934. A maioria das terras distribuídas não tinha dono – era de uso comum entre habitantes de determinada aldeia.

A reforma agrária no México, porém, não resolveu problemas históricos do país. A concentração de terra, aos poucos, voltou a crescer, assim como as invasões – reprimidas pelo governo.

Rússia

No final do século 18, a servidão na Rússia funcionava da seguinte forma: havia 11 milhões de homens sendo explorados no campo, metade deles pelo Estado e o restante pelos senhores de engenho – uma exploração semelhante à dos peões mexicanos.

Cada camponês tinha uma área de cerca de quatro hectares (o equivalente a seis campos de futebol), pagando por sua exploração. Durante a semana eram obrigados a trabalhar de três a cinco dias (às vezes, até seis) nas propriedades dos senhores de engenho. Para isso, recebiam uma remuneração em produtos ou dinheiro. E as mulheres produziam tecidos de lã e linho.

Já em 1861, houve sinais de que uma reforma agrária de verdade ocorreria na Rússia. Em tempos do czar Alexandre 2º e da abolição da servidão, o Estado ofereceu um pedaço de terra (cerca de três hectares) para cada um dos servos "libertados". Havia, porém, uma contrapartida dos camponeses, o que, de fato, acabou colocando obstáculos no processo.

Para ficar em definitivo com seu lote, o servo deveria pagar à vista 20% do valor da terra e financiar os 80% restantes num prazo de 49 anos, com juros anuais de 6%. Muitos se endividaram, e outros voltaram a bater à porta dos senhores de engenho em busca de emprego. A reforma agrária, que a princípio parecia definitiva, transformou-se numa absoluta desilusão no campo. Por volta de 1880, muitos deles entregaram parte de seus lotes para quitar as dívidas.

Uma opção aos frustrados camponeses foi rumar para as chamadas "comunas", onde os camponeses trabalhavam e recebiam sua produção de volta. Nela, o trabalhador rural não tinha nenhum poder patrimonial sobre a terra. Vender, hipotecar ou herdar o lote, à época, somente sob autorização da comuna. Não podiam, além disso, aceitar terras menos produtivas em tempos de redistribuições.

O que se viu, em seguida, foram algumas famílias das comunas, principalmente as mais numerosas, iniciarem aos poucos um processo de compra de áreas tanto de latifundiários como de camponeses mais pobres. Com isso, entre 1877 e 1917, o percentual de terra nas mãos dos nobres caiu pela metade, de 22% para 11%. As comunas causaram ainda uma onda de conflitos entre camponeses das comunas e latifundiários.

Ciente de que as comunas, em vez de controlar, haviam fomentado a desordem social,[13] o governo russo, então, a partir de 1906, buscou acabar com as comunas, oferecendo aos camponeses uma compra facilitada, numa única parcela, dos lotes que estavam explorando (Igreja, Estado e comunas). O objetivo de criar uma classe média conservadora no campo mais

[13] Uma série de revoltas camponesas ocorreu entre 1902 e 1905.

uma vez não foi atingido, pois a maioria vendeu seus lotes e abandonou as áreas, concentrando ainda mais as propriedades nas mãos de poucos.

Na Revolução Russa, em 1917, os camponeses e os operários vieram a reboque de líderes intelectuais. Aos camponeses, revoltados com os que utilizavam as comunas em benefício próprio, foi prometida a eliminação do controle oficial sobre suas vidas, menores impostos e, é claro, a distribuição de terras.

O fim dos Estados czaristas e de suas classes, em meio às greves industriais e às revoltas no campo, coincidiu com o retorno à casa dos soldados camponeses após a Primeira Guerra Mundial. Cansados, eles ainda tiveram de retornar aos antigos lotes das comunas. Foi aí que os conselhos comunais, organizados em *sovietes* camponeses, pegaram em armas. Em cerca de um ano, esses sovietes (bolcheviques, socialistas-revolucionários de esquerda ou extremistas sem partido) tomaram milhões de hectares de terra, obrigando o governo, em janeiro de 1918, a socializar a terra com a lei.

Começava, então, uma disputa entre comunistas e camponeses no meio político. Os comunistas queriam que as terras e os equipamentos de trabalho fossem estatizados. Os camponeses, que não entendiam a revolução industrial, iniciaram revoltas no campo. "A Revolução Russa abrangia, por um lado, um movimento camponês que se afastava centrifugamente das fontes do poder e por outro lado uma insurreição de operários em greve e soldados amotinados sob liderança bolchevique, que ocupavam estrategicamente o poder."[14]

A partir da década de 1930, o comando comunista iniciou um processo que culminaria com os cam-

---

[14] Eric R. Wolf, op. cit.

poneses transformados em mais um elemento estatal. Eles tiveram de se associar a cooperativas, perderam a condição de sócios e viraram, em definitivo, assalariados da empresa do governo.

China

1) Eliminação do governo dos nobres ilustrados; 2) Instauração de uma ordem monista, na qual o Estado seria tudo; 3) Eliminação das classes sociais (campesinato, soldados e administradores sendo uma coisa só); 4) Organização da sociedade em células de camponeses soldados de 25 famílias, comandadas por um sargento.

Com essas idéias, Hung Hsiu-ch'uan – um camponês pobre do sul do país e com fortes ideologias religiosas – dava início à chamada rebelião de Taiping (1850-65), que deixaria um saldo de pelo menos 20 milhões de mortos num país onde a agricultura era insuficiente para seus 600 milhões de habitantes. [15]

Alguns dos ideais sociais[16] de Taiping (muitos deles ficaram só na teoria) seriam usados posteriormente pelos comunistas na Revolução Chinesa de 1949, motivada, entre outros fatores, pela concentração da terra. Cerca de 93% do território era controlado pelo setor privado.

Para Taiping, cada família receberia um lote de terra para trabalhar. A parte da produção que excedesse o necessário à sua subsistência seria estocada em armazéns coletivos sob o comando de militares. Os comunistas, mais tarde, seguiriam o mesmo processo, mas deixando os estoques sob a guarda do partido.

---

[15] Outra rebelião importante da época foi a de Nien (1852-68), no norte do país, também isolada pelo governo.

[16] Entre outras iniciativas, defendiam a igualdade da mulher, inclusive com cargos de liderança, como em seu exército. Os Taiping editaram decretos próprios contra a mutilação de pés, a prostituição e o comércio de mulheres.

Por volta de 1930, a China tinha um quadro problemático no campo. Metade dos camponeses possuía um pedaço de terra, mas com tamanhos insuficientes para o trabalho. Tinham de arrendar terras próximas para garantir sua produção e subsistência. E a concentração permanecia: 4% da população, por exemplo, tinha em mãos 30% das terras do país. Em suas inúmeras revoltas, os camponeses foram percebendo a importância de sempre lutar com apoio político.

Mao Tsé-Tung, oriundo de uma família de ricos camponeses, propôs uma tática diferente para mudar o quadro. Tomou tal iniciativa logo após ter visto, em 1927, cerca de 5 mil integrantes do Partido Comunista serem esmagados pelo então governo de Chiang Kai-Chek.

A estratégia de Mao era investir primeiro no campo e depois nas cidades, ao contrário de muitas das revoluções ocidentais. A marcha começou em 1934. Mais uma diferença em relação a outras iniciativas: os homens de Mao invadiram, sim, as grandes propriedades, mas os latifundiários e os camponeses ricos também recebiam um pedaço (bem razoável) de terra. As áreas produtivas foram protegidas, mas foram aplicados impostos progressivos sobre a terra.

Criou-se uma classe média no campo, formada basicamente por camponeses que nada tinham antes da investida de Mao. A tática era fazer as mudanças com o menor número possível de inimigos, com os camponeses tendo poder de decisão em cada uma das aldeias.

A Revolução Chinesa veio em 1949, com sua base proveniente do campo. Cerca de 80% dos integrantes do Partido Comunista eram camponeses. A fome e a miséria foram controladas com rituais coletivistas. Ao longo dos anos, porém, as ofertas e as necessidades de setores industriais e de serviços foram crescendo nas cidades chinesas, o que, na prática, minou a hegemonia do camponês. Mas isso não apagou o êxito da reforma agrária do país.

2. A REFORMA AGRÁRIA NO BRASIL

No Brasil, mesmo com inúmeras resistências de luta pela terra de indígenas e escravos, o tema da reforma agrária somente passou a ser apresentado com certo destaque ao público a partir de meados do século passado, com a formação das primeiras Ligas Camponesas e a publicação do Estatuto da Terra, em 1964, logo após o início da ditadura militar.

Mas a questão, para alguns especialistas, remonta ao período de colonização portuguesa no Brasil, com a opção de dividir o território nacional em grandes propriedades produtivas. Desde aquela época, a concentração de terras do país já estava selada, com grandes propriedades nas mãos de poucas pessoas. E, ao mesmo tempo, com escravos e índios sem espaço próprio para trabalhar.

Na página do Instituto Nacional de Colonização e Reforma Agrária (Incra)[17] na internet, há um resumo do que se avalia ser a origem do latifúndio:

"O problema fundiário do país remonta a 1530, com a criação das capitanias hereditárias e do sistema de sesmarias – grandes glebas distribuídas pela Coroa portuguesa a quem se dispusesse a cultivá-las dando em troca um sexto da produção. Nascia o latifúndio. A Independência, em 1822, piorou o quadro: a inevitável troca de donos das terras se deu sob a lei do mais forte, em meio a grande violência. Os conflitos, então, não envolviam trabalhadores rurais – praticamente todos eram escravos –, mas proprietários e grileiros apoiados por bandos armados".

Essa versão do Incra, órgão visto pelos fazendeiros como um braço ideológico do MST, é ironizada pela Confederação da Agricultura e Pecuária do Brasil (CNA). Em entrevista à *Folha de S.Paulo*, seu então presidente, Antônio Ernesto de Salvo, afirmou: "Se nós imaginarmos que é aí que começa o erro brasileiro fundiário... Eu já fiz as contas. Os capitães hereditários teriam hoje cerca de 12 milhões de descendentes como proprietários rurais no Brasil, e a Capitania Hereditária teria sido um excelente instrumento político fundiário".[18]

LEI DE TERRAS

Houve, sim, em meados do século 19, algumas vozes políticas do país que apontavam a divisão das terras como uma opção razoável e talvez fundamental para que o Brasil conseguisse avançar em meio à escassez cada vez maior do trabalho escravo. Na ocasião, a pres-

---

[17] Em: www.incra.gov.br

[18] 11/10/2004.

são internacional contra tal exploração crescia a cada dia, e o tráfico negreiro era publicamente condenado.

Porém, pressionado pelos grandes latifundiários, o Brasil perdeu sua primeira chance de realizar a reforma agrária. O que houve foi a aprovação, em 1850, da Lei 601, a chamada Lei de Terras, que possibilitou a manutenção da concentração fundiária e da disponibilidade de mão-de-obra.[19]

Com a independência do país, em 1822, o regime de sesmarias e das capitanias hereditárias foi automaticamente extinto, o que deixou as grandes propriedades sem nenhum respaldo legal. A Lei de Terras, mantida pela Constituição de 1891 e pelo Código Civil de 1917, serviu justamente como instrumento que legalizou tais propriedades.

Com ela, o acesso à terra somente se tornou possível por meio da compra em dinheiro – o que levou os agricultores, os imigrantes e os ex-escravos a trabalhar para os fazendeiros com a expectativa de algum dia juntar dinheiro suficiente para conseguir um lote de terra. Na mesma época, numa situação inversa à brasileira, os EUA proporcionaram a ocupação democrática de seu território.[20]

No Brasil, o objetivo dos grandes proprietários, que dominavam o Parlamento da época ao lado dos senhores de escravo, foi fechar o campo para os pobres e evitar que eles tivessem livre acesso à terra, o que, na prática, os levava diretamente às fazendas para procurar emprego.

---

[19] Leonilde Servolo de Medeiros, *Reforma Agrária no Brasil – História e Atualidade da Luta Pela Terra*. São Paulo: Editora Fundação Perseu Abramo, 2003.

[20] Após a guerra civil, o presidente Abraham Lincoln (1861-65) lançou um pacote de medidas para o campo, entre as quais a distribuição de 90 hectares para os novos colonos, a criação do Ministério da Agricultura e acesso a cursos técnicos aos agricultores. Tais medidas dobraram a produção agrícola norte-americana entre 1870 e 1900.

Nas fazendas, ainda havia o trabalho escravo. Mas a Lei de Terras foi uma precaução para a então já iminente Abolição da escravatura, servindo para cravar uma noção de propriedade da terra no país. E foi justamente em tal época que surgiu a expressão "terras devolutas" – áreas que não eram cercadas e deveriam ser devolvidas ao governo federal.

O sociólogo José de Souza Martins, uma das referências em reforma agrária no país, resume a implantação da Lei de Terras: "A Lei de Terras, porém, transferiu ao particular domínio e posse, criando uma espécie de direito absoluto que é a principal causa do latifundismo brasileiro e das dificuldades para dar à terra, plenamente, uma função social".[21]

RESISTÊNCIAS CAMPONESAS

Entre o quase um século que separou a publicação da Lei de Terras, em 1850, e a formação das Ligas Camponesas (1945) e a publicação do Estatuto da Terra (1964), o Brasil conheceu diversos conflitos no campo, o que, para alguns, representa a formação do campesinato brasileiro. Atualmente, o próprio MST cita tais experiências de luta como um dos eixos de sua formação ideológica, a partir dos anos 80.

O caso mais citado é a Guerra de Canudos, resistência camponesa ocorrida no interior da Bahia entre 1893 e 1897. Sob a liderança de Antônio Conselheiro, milhares de pessoas (a mais baixa estimativa fala em cerca de 10 mil) ocuparam a fazenda Canudos e pas-

---

[21] José de Souza Martins. *Reforma Agrária: o Impossível Diálogo*. São Paulo: Edusp, 2000.

saram a trabalhar em forma de cooperativas. Todos tinham direito à terra e ao que era produzido no local, chamado por eles de Belo Monte.

Sob a acusação de defenderem a volta da monarquia ao país, foram atacados em quatro incursões do exército, até serem destruídos em outubro de 1897. O MST, hoje, enaltece a resistência de Canudos, que nunca se rendeu. À época, o exército teve de matar todos os seus integrantes para declará-lo extinto. O caso é relatado no clássico *Os Sertões*, de Euclides da Cunha. Foi uma luta camponesa, em sua maior expressão, mas não necessariamente pela terra. Envolveu também comerciantes e proprietários, todos unidos contra o Estado e a Igreja.[22]

Os atuais movimentos do campo dizem se espelhar também na guerra do Contestado (SC/PR), quando, entre 1912 e 1916, posseiros tentaram resistir à destinação de suas terras a uma empresa inglesa, que, numa troca com o governo, construiria uma ferrovia no local; em Trombas e Formoso (GO), resistência camponesa nas décadas de 1950 e 1960; e, em Porecatu (PR), quando camponeses pegaram em armas para resistir aos grileiros no norte do Estado.

Também no campo político, a reforma agrária ganhou respiros no intervalo entre a Lei de Terras e o Estatuto da Terra. Houve um avanço nas discussões político-intelectuais e o acirramento do discurso do Partido Comunista Brasileiro (PCB) contra o latifúndio, além da inspiradora Revolução Cubana de 1959 e da sondagem de setores do "tenentismo"[23] para incluir o tema na Constituição de 1934.

---

[22] Sobre este assunto, ver Roberto Ventura, *Os Sertões*, na série "Folha Explica" (São Paulo: Publifolha, 2002).

[23] Movimento liderado por jovens oficiais do exército que visava discutir o futuro do país. Eles, que buscavam uma maior democratização do processo eleitoral brasileiro, enxergavam uma ligação do coronelismo com o latifúndio, que era um sinal de atraso do país.

As dificuldades impostas aos trabalhadores rurais eram inúmeras. Por exemplo, buscavam para o campo as mesmas condições da legislação trabalhista urbana e ainda tinham de resistir à expulsão de suas terras devido à expansão da pecuária país afora.

E foi justamente em meados do século passado que os trabalhadores rurais passaram a se organizar e a conquistar pontos importantes no cenário nacional. Houve a primeira e segunda versões das Ligas Camponesas,[24] cravadas no Nordeste do país; a consolidação do Movimento dos Agricultores Sem Terra (Master), no Rio Grande do Sul, e da União dos Lavradores e Trabalhadores Agrícolas (Ultab) no restante do país; a regulamentação, em 1962, do direito de os trabalhadores rurais se organizarem em sindicatos (o que foi mantido após o Golpe de 1964 e que um ano antes disso permitiu a criação da Confederação Nacional dos Trabalhadores na Agricultura, a Contag); e a aprovação, em 1963, do Estatuto do Trabalhador Rural, o que lhe garantiu direitos como registro profissional, 13º salário e férias.

O GOLPE

O ritmo de conquistas dos trabalhadores rurais, apesar de ainda pequeno, mas visivelmente ascendente, seria interrompido em 1964, com o golpe dos generais ao governo de João Goulart (1961-64). A simples tentativa da realização da reforma agrária é tida como um dos principais motivos para o golpe.

---

[24] Sobre movimentos e entidades do campo, ver o terceiro capítulo.

Em discurso para cerca de 100 mil pessoas no centro do Rio de Janeiro, no dia 13 de março de 1964, o presidente João Goulart, o Jango,[25] anunciou um pacote de medidas para o Brasil, entre as quais a desapropriação em massa de áreas em torno de ferrovias e rodovias federais para fins de reforma agrária. O golpe veio 18 dias depois.

Segundo muitos historiadores, o golpe viria de qualquer maneira, mas o que ficou conhecido como o Comício da Central do Brasil o antecipou. Para outros, a concentração daquele dia serviu apenas para provocar os conspiradores e assim uni-los mais em torno do mesmo objetivo: derrubar Jango.

Em depoimento para este livro, Walder de Góes, professor aposentado de ciências políticas da Universidade de Brasília e presidente do Instituto Brasileiro de Estudos Políticos (Ibep), afirma que, antes do golpe, houve um estímulo do governo às reformas de base, principalmente a agrária.

"O governo Jango estimulava as invasões de terra, e os fazendeiros reagiram, contratando jagunços e protestando. Foi um dos componentes do golpe. Houve a criação de um clima por parte dos fazendeiros, que era o de ameaça à propriedade, e que levou à marcha Tradição, Família e Propriedade,[26] em São Paulo, contra o governo", diz Góes, jornalista à época do golpe.

---

[25] O período de João Goulart (1919-76) na Presidência começou com a renúncia de Jânio Quadros em 1961, mas os atritos vinham de 1954, quando fora ministro do Trabalho de Getúlio Vargas e tivera de deixar o cargo após manifesto de coronéis, os mesmos que, dez anos depois, já eram generais.

[26] A marcha foi organizada pela Sociedade Brasileira de Defesa da Tradição, Família e Propriedade (TFP).

O ESTATUTO DA TERRA

Apenas oito meses após o golpe, em novembro de 1964, o governo militar aprovou o Estatuto da Terra (Lei 4.504), uma opção preventiva para tentar controlar eventuais problemas políticos e sociais no meio rural. A primeira preocupação dos militares era que os camponeses fossem usados como massa de manobra. Estavam atentos aos anúncios nordestinos das Ligas Camponesas e sulistas do Master de Leonel Brizola – de reforma agrária na lei ou na marra.

No papel, o Estatuto da Terra foi algo de primeira qualidade, inclusive com definições usadas até hoje para latifúndio, por exemplo. Hoje, quando o MST invade uma propriedade rural, ele o faz com base em artigo do Estatuto que aponta as terras improdutivas como passíveis de desapropriação para a reforma agrária. Com o texto em mãos, os trabalhadores rurais passaram então "apenas" a cobrar o seu cumprimento, pois a base legal eles já tinham.

Segundo o Estatuto, a propriedade da terra desempenha por completo a sua função social quando, simultaneamente: favorece o bem-estar dos proprietários e dos trabalhadores que nela labutam, assim como o de suas famílias; mantém níveis satisfatórios de produtividade; assegura a conservação dos recursos naturais; e observa as disposições legais que regulam as justas relações de trabalho entre os que a possuem e a cultivam. A possibilidade de desapropriação das terras, porém, ficou apenas no papel. O que se viu nos anos que sucederam o estatuto foram incentivos fiscais cada vez maiores à modernização das grandes propriedades. O avanço da agricultura ocorreu no país, o que tornou a reforma agrária, aos olhos do governo, principalmente, algo dispensável ao desenvolvimento econômico.

Ao mesmo tempo, porém, durante a década de 1970, ocorreu o aumento da demanda por terra. A tecnologia no campo trouxe junto um enorme volume de trabalhadores rurais desempregados. Expulsos das fazendas em que trabalhavam, eram substituídos pelas máquinas avançadas.

Naquela época, viu-se o problema se concentrar na região Norte do país. Por um lado, posseiros que ocupavam suas terras eram expulsos com a chegada de empresas, com incentivos fiscais injetados pela ditadura. Por outro, a grande demanda por terra no Sul fez o governo federal investir nos chamados projetos de colonização. Com o apoio do Incra, era uma forma de buscar o controle dos focos de tensão agrária sem fazer a reforma agrária.

Ficaram famosas as caravanas de ônibus lotados de camponeses paranaenses, por exemplo, que deixavam suas cidades para iniciar a vida em Rondônia, em Mato Grosso – locais sem nenhuma infra-estrutura básica, como água tratada, energia elétrica, rede de esgoto e estradas. A malária era uma praga.

A IGREJA NO CAMPO

A presença dos generais no governo não impediu que uma série de conflitos envolvendo trabalhadores rurais aflorasse no país. Foi nessa época, mais precisamente no final dos anos 70, que os militares criaram o Grupo Executivo das Terras do Araguaia-Tocantins (Getat) e o Grupo Executivo do Baixo Amazonas (Gebam). Tais autarquias eram utilizadas tanto como locais administrativos quanto como prisão para os trabalhadores envolvidos em conflitos.[27]

Em 1985, último ano da ditadura militar, a Igreja Católica registrou o assassinato de 139 pessoas no campo. Ou seja, a cada cinco dias, em média, dois agricultores eram mortos pela polícia ou por funcionários de fazendas.

Antes de enfocar o papel da Igreja Católica na reforma agrária, vale esclarecer que setores dela foram alicerces que apoiaram o Golpe de 1964. Aos poucos, a partir disso, tentaram apagar o erro e a imagem negativa e de desconfiança que restou diante dos trabalhadores.

Primeiro, setores católicos começaram a criar as chamadas Comunidades Eclesiais de Base (CEBs), pontos de apoio rural e urbano que, no início da década de 1970, já estavam espalhadas por todo o país. Locais em que, com base na Teologia da Libertação,[28] os trabalhadores podiam se encontrar e traçar estratégias de organização e reivindicação.

Antes do golpe, porém, a Igreja Católica já havia criado associações para tratar do tema. De um lado, havia organizações de tendência conservadora, cujos objetivos eram justamente evitar a propagação de influências socialistas e de reforma agrária maciça entre os camponeses.

De outro lado, setores ligados à Conferência Nacional dos Bispos do Brasil (CNBB) trabalhavam com a alfabetização e a formação política dos trabalhadores do campo. Em linhas gerais, tais ações deram sustentação ao surgimento, em 1975, da Comissão Pastoral da Terra (CPT), braço agrário e progressista

---

[27] Bernardo Mançano Fernandes, *A Formação do MST no Brasil*. Petrópolis: Editora Vozes, 2000.

[28] Corrente cristã que alia questões sociais a idéias marxistas, destacada por agentes de pastoral, padres e bispos progressistas.

da Igreja Católica,[29] que veio a público, em princípio, com um discurso a favor dos direitos humanos, com atenção direta aos confrontos entre posseiros e fazendeiros na região amazônica. A pregação pela reforma agrária veio mais tarde.

Tornou-se, na prática, a articuladora dos movimentos sociais que se organizaram e surgiram ainda durante a ditadura militar. O MST, por exemplo, surgiu em 1984, sob influência de padres, bispos e agentes de pastoral.

"A presença da CPT foi uma presença de socorro diante de um pessoal marcado para morrer. E vários morreram devido à repressão, porque os militares achavam que pelo campo entraria o comunismo internacional no Brasil", contou, em depoimento para este livro, dom Tomás Balduíno, bispo emérito da cidade de Goiás (antiga Goiás Velho) e um dos fundadores e atual presidente da CPT.

Com a Pastoral da Terra, o tema da reforma agrária não mais se resumia aos trabalhadores rurais e pequenos grupos político-intelectuais. Passou a ser oficialmente cobrado por religiosos espalhados pelo país. Alguns deixaram seus nomes nessa história, como dom Pedro Casaldáliga (MT) e dom José Gomes (SC), além de dom Tomás Balduíno (GO).

---

[29] A primeira manifestação da Igreja brasileira sobre a necessidade da reforma agrária ocorreu em 1950, com a carta do bispo de Campanha (MG), dom Inocêncio Engelke: "Conosco, Sem Nós ou Contra Nós se Fará a Reforma Agrária". Uma cópia da carta pode ser localizada no banco de dados da CPT nacional, em Goiânia (GO).

O PNRA, A CONSTITUINTE E A UDR

Nos dez anos que sucederam à criação da CPT, os trabalhadores rurais passaram a invadir terras de forma "organizada". Assim ocorreu no dia 7 de setembro de 1979, em Ronda Alta (RS), quando 110 famílias entraram na fazenda Macali e deram início à chamada "gestação" do MST. As invasões, sempre com o apoio de religiosos, passaram a ocorrer em série nos estados do Sul (Paraná, Santa Catarina e Rio Grande do Sul), em São Paulo e Mato Grosso do Sul.

O MST foi criado em 1984, a ditadura acabou em 1985 e o país começou a falar na elaboração de uma nova Constituição a partir do ano seguinte.

Antes disso, o presidente José Sarney (1985-1990), em seu primeiro ano de governo, elaborou um novo Plano Nacional de Reforma Agrária (PNRA), que previa, por meio de desapropriações, o assentamento de 1,4 milhão de famílias em quatro anos. A proposta, elaborada por antigos defensores da reforma agrária,[30] teve o amplo apoio da Contag e fortes resistências da CUT[31] e do MST – ainda em fase de formação no país.

Resistência maior, porém, veio dos proprietários, que se uniram contra as propostas sobre o tema a serem discutidas na Constituinte (1987-88) e também diante do PNRA, principalmente pelo fato de o plano prever o pagamento punitivo (ou seja, abaixo da média de mercado) pelas terras desapropriadas.

E não demorou muito para que eles agissem. Um mês após a publicação do PNRA, um grupo de fazendeiros se reuniu e fundou a União Democrática

---

[30] Entre eles, José Gomes da Silva (presidente da Associação Brasileira de Reforma Agrária).

[31] Central Única dos Trabalhadores, identificada histórica e politicamente ao PT.

Ruralista (UDR).[32] A entidade ganhou espaço na mídia, elegeu seus representantes no Congresso e passou a defender abertamente o uso da força contra as também por vezes violentas invasões de terra. A entidade iniciou sua atuação em Goiás, São Paulo (no Pontal do Paranapanema) e Minas Gerais (no Triângulo Mineiro). Depois, espalhou-se por todo o país.

Na Constituinte, a bancada ruralista,[33] sob a vigilância da UDR e formada basicamente por integrantes de PFL, PMDB e PPB (hoje PP), conseguiu abafar a maioria dos avanços em prol da reforma agrária colocados no papel.

A aprovação do artigo 185, que apontou as áreas produtivas como "insuscetíveis" de desapropriação, é considerada até hoje, além de proteção aos fazendeiros, a maior vitória da bancada ruralista na Constituinte. Sob pressão da UDR, o artigo praticamente anulou o 186, tido como pró-sem-terra e que sugere a desapropriação de áreas que não cumprem sua função social (produtividade e respeito às leis trabalhistas e ambientais).

Além disso, os ruralistas conseguiram livrar as pequenas e médias propriedades dos processos de desapropriação e fizeram incluir o pagamento das indenizações por meio de Títulos da Dívida Agrária (TDAs), resgatáveis em até 20 anos, o que tirou o caráter punitivo às fazendas improdutivas. Ou seja, pela terra desapropriada,

---

[32] Entidade criada pelo médico, produtor rural e deputado federal Ronaldo Caiado (GO). A entidade, que no final da década de 1980 chegou a ter 200 escritórios pelo país, foi extinta em 1994 e rearticulada dois anos depois a partir de Presidente Prudente (SP) e Paranavaí (PR). Sob Lula, voltou a ganhar *status* nacional.

[33] A bancada ruralista ganhou força e nome durante a Constituinte; mas, na prática, já havia atuado para investigar as Ligas Camponesas em meados do século passado. Mais recentemente, em 2003, atuou na criação da CPI da Terra, para vasculhar as ações e as contas bancárias do MST.

o proprietário passou a receber um valor igual ao de mercado.

Tudo o que foi aprovado na Constituição, porém, teve de ser regulamentado por meio de uma lei específica antes de entrar em prática, o que somente ocorreu cinco anos depois, com a Lei Agrária, de 25 de fevereiro de 1993.

A tramitação dessa lei mais uma vez reuniu os atores da Constituição, como movimentos sociais, CPT, intelectuais, partidos de esquerda, UDR e a bancada ruralista. Nela, ficou definido que: áreas que não cumprissem sua função social seriam passíveis de desapropriação; terras públicas seriam destinadas prioritariamente à reforma agrária; áreas abaixo de 15 módulos fiscais[34] não poderiam ser desapropriadas; e os processos de desapropriação (tanto a produtividade como o valor da indenização) poderiam ser contestados na Justiça – fato que tornou o Poder Judiciário um protagonista no tema.

Sem a regulamentação, o governo Fernando Collor de Mello (1990-92) viveu em meio à repressão aos movimentos sem-terra e à lentidão da reforma agrária, com os estados passando a centralizar ações fundiárias, inclusive mediante desapropriações por utilidade pública (pagamento em dinheiro) e destinação de terras públicas para tais fins.

Já no governo Itamar Franco (outubro de 1992 a dezembro de 1994), inclusive com a regulamentação[35] dos tópicos agrários da Constituição de 1988,

---

[34] O módulo fiscal representa uma medida agrária regionalizada estabelecida para cada município. No país, cada módulo fiscal pode variar de cinco hectares a 110 hectares – as dimensões sendo menores no Sul e maiores no Norte, por exemplo.

[35] A partir da aprovação e sanção da Lei 8.629/93 (Lei Agrária) e da Lei Complementar 76/93 (rito sumário), o que permitiu a retomada dos processos de desapropriação para fins de reforma agrária.

houve uma declarada abertura aos movimentos sociais e entidades ligadas à terra. Itamar foi o primeiro presidente da República a receber o MST e a Contag em audiências no Palácio do Planalto.

"Na época do governo Collor, houve uma grande repressão aos movimentos sociais, e no período Itamar, o que todos os movimentos são unânimes em afirmar, houve uma reabertura do diálogo com os trabalhadores. Não que o governo tenha feito tudo o que os trabalhadores queriam, pois eles continuaram a reclamar, mas houve, pelo menos, um diálogo", disse, em depoimento para este livro, Osvaldo Russo, presidente do Incra entre fevereiro de 1993 e março de 1994.

ASSENTAMENTOS DE FAMÍLIAS POR PERÍODOS DE GOVERNO[36]

PERÍODO	FAMÍLIAS ASSENTADAS
1964-1985 (ditadura militar)	77.465
1985-1990 (gov. José Sarney)	83.687
1990-1992 (gov. Fernando Collor)	42.516
1992-1994 (gov. Itamar Franco)	14.365

O *ESTADO E OS ASSENTAMENTOS*

No Brasil, com ou sem motivos sustentáveis em mãos, os projetos de assentamentos passaram a ser rotulados

---

[36] Segundo o Instituto Nacional de Colonização e Reforma Agrária (Incra) e o Ministério do Desenvolvimento Agrário. Dados dos governos FHC e Lula constam do quinto capítulo.

de "favelas rurais". Casos para isso não faltavam, principalmente a partir das décadas de 1980 e 1990.

Tal idéia vem de famílias jogadas pelo poder público sobre um terreno qualquer sem que haja, no projeto, a chamada infra-estrutura básica, ou seja, água tratada, energia elétrica e rede de esgoto, além de estradas que levem do assentamento à cidade. Por alguns anos, uma determinada família permanecia na terra sem ter recebido os créditos para instalação (construção de suas casas) e de fomento (compra de alimentos e sementes para iniciar seu trabalho no lote).

Outro ponto contra as políticas de assentamento era, ou ainda é, que parte das famílias beneficiadas pelo governo não tinha experiência em agricultura – seriam pessoas saídas das periferias urbanas em busca de emprego na terra, o que aumentaria as chances de abandono dos lotes. Ou seja, um desperdício de dinheiro público, que muitas vezes não consegue ser filtrado no processo de seleção dos beneficiários que irão ocupar um lote de terra.

Dados do Ministério do Desenvolvimento Agrário mostraram uma tendência no sentido da tal "favelização". Em abril de 2003, primeiro ano da gestão Lula, o governo divulgou o que chamou de balanço dos assentamentos herdados da era FHC (1995-98 e 1999-2002).

Havia o seguinte quadro: 68% dos assentamentos não tinham Plano de Desenvolvimento do Assentamento (PDA); 53%, assistência técnica; 42%, crédito de apoio; 58%, crédito habitação; 93%, abastecimento de água; 89%, eletrificação rural; e 82%, estradas de acesso. Tais dados fortaleceram os que consideram a reforma agrária uma política compensatória para ajudar aos miseráveis.

No entanto, pesquisas encomendadas pelo próprio governo, mostram que, apesar dos problemas, a política de assentamentos é um caminho a ser seguido, desde que fomentada com créditos e infra-estrutura.[37]

Esses estudos não ignoram os notórios problemas estruturais dos projetos, mas indicam, com as assinaturas de especialistas no tema, que, em geral, os assentamentos têm o poder de mudar para melhor a condição de vida de seus beneficiados. Não apenas pela auto-estima – no sentido de ter ali um pedaço de chão próprio, no qual cada família poderá construir sua casa e plantar seu alimento –, mas também pela questão objetiva da renda, ligada à comercialização.

"Os assentamentos constituem-se de fato, e apesar das dificuldades, em espaços produtivos e de garantia de segurança alimentar e nutricional. Combinam produtos de subsistência com outros voltados para a comercialização, promovem a introdução de novas culturas e a diversificação da produção e da oferta de produtos para o mercado local. Fortalecem também sua situação perante os canais tradicionais de comercialização e contribuem para a criação de novos canais e para a instalação de unidades agroindustriais", afirmou Caio Galvão de França, coordenador do Núcleo de Estudos Agrários e Desenvolvimento Rural do governo federal (Nead), ao apresentar um estudo bancado pelo núcleo a respeito das condições dos assentamentos criados no país.[38]

---

[37] Um exemplo: Gerd Sparovek, *A Qualidade dos Assentamentos da Reforma Agrária Brasileira*. São Paulo: Páginas & Letras, 2003. O estudo é assinado por USP, FAO e Ministério do Desenvolvimento Agrário.

[38] Sérgio Leite, Beatriz Heredia, Leonilde Medeiros *et al* (orgs.), *Impacto dos Assentamentos – Um Estudo Sobre o Meio Rural Brasileiro*. São Paulo: Editora Unesp, 2004. Talvez a mais significativa pesquisa realizada sobre os assentamentos do país. Realizada entre 2000 e 2001 por pesquisadores ligados à Universidade Federal Rural do Rio de Janeiro.

A pesquisa, realizada entre janeiro de 2000 e dezembro de 2001, coletou dados de 1.568 famílias, em 92 projetos de assentamentos espalhados por seis diferentes regiões do país (sul da Bahia, entorno do Distrito Federal, sertão do Ceará, sudeste do Pará, oeste de Santa Catarina e zona canavieira nordestina).

Uma das conclusões foi a de que um projeto de assentamento tem a capacidade de, em meio a uma situação de desemprego nacional, gerar renda e emprego para famílias de pequenos municípios do país e com nível de escolaridade quase zero. Entre os entrevistados, 80% eram oriundos dos municípios da região em que o assentamento foi implantado; 94% já tinham realizado alguma atividade no meio rural; e 87% dos responsáveis pelos lotes (ou seja, os chefes de família) tinham no máximo completado o quarto ano do ensino fundamental (e mais, 32% destes jamais freqüentaram uma sala de aula).

O estudo ainda apontou que 90% dos assentados acima de 14 anos de idade trabalhavam ou ajudavam nos serviços agrários do lote. Das 1.568 famílias entrevistadas, 66% disseram que a qualidade de sua alimentação melhorou após o assentamento, enquanto 62% apontaram um crescimento de renda após terem sido beneficiados pelo programa.

As maiores queixas e as rotulações de "favelas rurais" aparecem principalmente no momento em que os assentamentos são criados na região amazônica, quando os trabalhadores rurais passam a ser transportados para locais distantes de suas famílias, da infraestrutura, do mercado consumidor e das condições básicas de saúde e educação. Dar o lote não basta: é preciso um plano organizado de desapropriações e de distribuição de créditos, seguido da capacitação e do acompanhamento técnico dos trabalhadores rurais, num planejamento de geração de renda e de produção de alimentos.

ETAPA DE DESAPROPRIAÇÃO

A partir de meados dos anos 90, a desapropriação de imóveis rurais foi a principal forma de criação dos projetos de assentamento. Mas o processo é longo e burocrático. Muitas vezes pára no meio do caminho por causa da Justiça, principalmente devido a recursos dos proprietários das áreas, que questionam os laudos de produtividade e o valor estipulado pela indenização da terra.

Caso não haja intervenção judicial, todo o processo, da seleção da área até a homologação da família no assentamento, dura, em média, de nove meses a um ano. As etapas são longas e burocráticas. A seleção da área é a primeira das etapas. É quando o Incra identifica um terreno acima de 15 módulos fiscais com o objetivo de desapropriá-lo para fins de reforma agrária.

Em seguida, o proprietário da área deve ser notificado sobre o interesse do governo federal no imóvel, o que permite o envio de uma equipe de técnicos para vistoriar a propriedade com base em critérios técnicos de produtividade.

Se o laudo técnico do Incra constatar a produtividade da área, o processo de desapropriação é interrompido de imediato. Mas, caso indique improdutividade, seguem-se os demais passos. A partir desse ponto, inclusive, o proprietário já pode recorrer da decisão por meio de um recurso administrativo à superintendência regional do Incra.

O passo seguinte é o pedido, pelo Incra, de licença ambiental para a elaboração do projeto de assentamento. E, mais uma vez, o proprietário pode recorrer. Encerrados esses trâmites, o Palácio do Planalto, com base em documento elaborado pelo Incra, publica um decreto presidencial no *Diário Oficial* da União que declara o imóvel de interesse social para fins de reforma agrária.

O Incra, então, avalia o valor da terra nua e das benfeitorias do imóvel. As benfeitorias devem ser pagas em dinheiro, à vista, enquanto o valor da terra é pago por meio do lançamento de títulos (TDAs), o que é feito pela Secretaria do Tesouro Nacional.

É a partir desse momento que o juiz pode determinar a imissão de posse da terra para o Incra. Não havendo contestação judicial, o domínio do imóvel é concedido ao governo federal. Para concluir o processo de assentamento das famílias, é necessário selecionar as famílias, por meio de entrevistas e checagem de documentos, e conceder a elas as Relações de Beneficiários (RBs).

Integrantes do MST formam fila para serem revistados por agentes da Polícia Federal após a invasão da fazenda do presidente FHC, em Buritis, MG (24/3/2002)

3. MOVIMENTOS E ENTIDADES

O início da organização dos trabalhadores rurais em movimentos e entidades remonta a meados dos anos 40, com o fim dos dez anos da ditadura de Getúlio Vargas.[39]

À época, o Partido Comunista Brasileiro obteve destaque como o mobilizador dos camponeses, os quais tinham ciência da necessidade de mudanças na estrutura agrária do país, mas não possuíam documentos e bases para formular suas reivindicações.

A realidade é que, naquele tempo, já era possível organizar sindicatos rurais pelo país; porém, devido ao excesso de burocracia, tais ações eram absolutamente isoladas. Havia, então, apenas cinco deles espalhados pelo país (dois em São Paulo, e os demais no Rio de Janeiro, em Pernambuco e na Bahia).

---

[39] Vargas foi presidente do país de 3/11/1930 a 29/10/1945 e de 31/1/1951 a 24/8/1954.

Diante da burocracia sindical e da crescente demanda no campo, os comunistas passaram a organizar as chamadas Ligas Camponesas pelos quatro cantos do país. O sucesso da iniciativa veio rapidamente, com as bases das Ligas elegendo seus líderes para cargos públicos municipais e estaduais.

A atrelagem das Ligas ao partido tinha vantagens e desvantagens. De um lado, a estrutura partidária dava sustentação e publicidade ao movimento. De outro, fazia com que eventuais líderes camponeses ficassem em segundo plano na organização, pois as decisões eram submetidas ao crivo dos comunistas.

A atuação das Ligas, aliás, era também alinhada ao partido na questão ideológica. O discurso era em torno de um conjunto que propiciasse tanto resultados militares como políticos. Ou seja, uma aliança operário-camponesa, refletindo a origem dos líderes do partido.

Foi justamente por tais desvantagens (de dependência) que a prescrição do Partido Comunista, em 1947, significou o fechamento simultâneo das Ligas Camponesas em todo o país. Restaram poucos de seus líderes, que buscaram, a partir de 1948, atuar na clandestinidade, mas sempre sob forte repressão e quase nulo seguimento popular. Eram apenas os caciques, sem índios ao redor.

Mesmo sem o respaldo político-camponês das Ligas, quatro acontecimentos marcaram a questão fundiária no campo e a luta dos trabalhadores rurais no período de 1948-54. São eles: a guerrilha de Porecatu (em 1950, conflito entre latifundiários e posseiros armados pelo Partido Comunista, na divisa entre São Paulo e Paraná); a revolta de Dona Noca (camponeses armados que investiram, em 1951, em cidades do interior do Maranhão); o território livre de Formoso (em Goiás, choque entre fazendeiros e camponeses liderados por José Porfírio e orientados pelos comunistas); e o primeiro Congresso Nordestino de Trabalhadores Agrícolas (em agosto de 1954, no interior de Pernambuco, que acabou encerrado violentamente pela polícia).

Tais ações no período mostraram que, mesmo sem estarem organizados em movimentos, os trabalhadores rurais davam a impressão de não mais necessitar de um organismo político a seu lado para agir em causa própria no campo, como ocorrera no caso das Ligas Camponesas e do Partido Comunista.

Foi então que, em 1955, um grupo de políticos de diferentes legendas de Pernambuco decidiu assinar conjuntamente um manifesto a favor da Sociedade Agrícola de Plantadores Pecuaristas de Pernambuco (SAPPP), com sede no município de Vitória de Santo Antão (PE) e formada por camponeses em litígio com os proprietários de terra. À época, integrantes da SAPPP denunciavam perseguições locais e arbitrariedades policiais. (As subsedes da sociedade espalhadas pela região eram chamadas pelos latifundiários de Ligas Camponesas.)

Tal manifesto apartidário serviu como injeção para a futura instalação do conselho regional da segunda versão das Ligas, formado, então, por militantes do Partido Comunista, do Partido Trabalhista e do Partido Socialista Brasileiro. Signatário do manifesto de apoio à SAPPP, o advogado socialista Francisco Julião de Paula foi declarado presidente de honra das Ligas Camponesas.

As Ligas cresceram e se espalharam por todo o país. Julião viajou à União Soviética, à China, à Bulgária, de onde voltou mais convencido da necessidade de mudanças fundiárias do país, que vivia a eleição de Juscelino Kubitschek à Presidência. À época, os históricos tabus contra a idéia de uma reforma agrária começavam a ser colocados de lado.

Os anos foram passando, e as Ligas Camponesas mostrando seus rachas. De um lado, líderes urbanos, como o próprio Julião, querendo crescer politicamente à custa do movimento. Eram os chamados "julianistas". De outro, setores comunistas, na maioria integrantes afastados do PCB, plantando a idéia de guerrilha assim como acabara de ocorrer na Revolução Cubana, em 1959.

Uma pitada histórica: assim como o MST, em 2004, as Ligas Camponesas também foram investigadas pelo Congresso, em 1962. A reforma agrária era um assunto "subversivo" que não podia ser discutido ou analisado em locais "inadequados". Uma tese da CIA (o serviço secreto dos Estados Unidos) apontava as Ligas como incentivadoras de uma revolução nos moldes da ocorrida em Cuba.

APÓS AS LIGAS

Enquanto as Ligas Camponesas lutavam contra suas divisões internas e a falta de estrutura, via-se no país a plena ascensão da União dos Lavradores e Trabalhadores Agrícolas do Brasil (Ultab), criada em 1955 pelos mesmos comunistas que anos antes adotaram a primeira versão das Ligas Camponesas.

A Ultab, com respaldo estrutural do Partido Comunista, espalhou-se rapidamente pelo país, ficando de fora apenas no Sul, onde havia o Master,[40] e

---

[40] Movimento fundado no final da década de 1950 no Rio Grande do Sul. Nasceu sobre a influência do PTB, de Leonel Brizola. Seu objetivo era pressionar o governo gaúcho a realizar a reforma agrária. Desapareceu após o Golpe de 1964.

no Nordeste, território das Ligas Camponesas. A Ultab tinha como mote o pensamento político dos comunistas, enquanto as Ligas já possuíam outro perfil, querendo proporcionar maior autonomia ideológica aos camponeses, desde que pregassem radicalismo na reforma agrária. O lema obrigatório das Ligas era a "reforma agrária na lei ou na marra".

Na prática, a Ultab era uma nova versão comunista das primeiras Ligas Camponesas. Nos municípios, era representada pelas Uniões de Trabalhadores Agrícolas. Seu passo decisivo viria em 1963, quando centralizou a fundação da Contag, ocorrida em dezembro daquele ano. Logo após a sua criação, a Contag já reunia no país um quadro de cerca de 1 milhão de trabalhadores rurais – a maioria deles vinda da Ultab.

Fora do processo de formação da Contag, as Ligas Camponesas atingiram seu auge justamente nessa época, no início de 1964, quando mantinham sob sua linha cerca de 80 mil pessoas. A base era nordestina, principalmente em Pernambuco, onde acabava de ser criada a Federação das Ligas Camponesas do Estado.

Nove anos após sua fundação, porém, as Ligas Camponesas sumiriam do mapa com o golpe militar de abril de 1964. Encerrava-se o ciclo de um movimento encabeçado por líderes de origem rural e urbana, e de líderes com pensamentos políticos, de um lado, e guerrilheiros, de outro. Todos diante um movimento audacioso e histórico, mas refém de uma estrutura desorganizada e insuficiente para atender à demanda do campo e de seu próprio crescimento.

O tempo, a seguir, ficaria restrito à Contag, que passou a ditadura militar com a responsabilidade de pressionar os generais pela reforma agrária, mas ciente de que tal processo deveria ser realizado de forma cautelosa, sem que parecesse uma intimidação ou desrespeito ao poder.

MST

No final da década de 1970, uma seqüência de fatores socioeconômicos, políticos e ideológicos, ligados diretamente à criação em 1975 da CPT, gerou as sementes que ajudaram na criação, em 1984, do MST – declaradamente inspirado na experiência das Ligas Camponesas. Naquela época, as lutas camponesas se espalhavam por Rio Grande do Sul, Santa Catarina, Paraná, São Paulo e Mato Grosso do Sul. Atualmente, o MST admite que sem a CPT sua criação poderia nem ter ocorrido.

"Naquele período entre 1978 e 1983, quando começaram a eclodir as lutas em massa, e a imprensa começou a nos chamar de sem-terra, dentro da CPT voltou o debate – mas não foi polarizado – de que ela deveria criar um movimento. E, em determinado momento, prevaleceu essa idéia, e eles nos ajudaram a formar um movimento autônomo, que era a condição para ser um movimento autêntico", disse, em depoimento para este livro, o economista João Pedro Stedile, coordenador nacional e um dos fundadores do MST.

Apesar de sua fundação ter ocorrido em 20 de janeiro de 1984, o MST iniciou cinco anos antes, mais precisamente em 7 de setembro de 1979, o seu chamado período de "gestação" – nessa data, 110 famílias, que haviam sido expulsas um ano antes por índios caingangues da reserva Nonoai, invadiram a fazenda Macali, em Ronda Alta (RS). Com 25 anos de idade, Stedile, então funcionário da Secretaria Estadual da Agricultura, não só articulou como também participou diretamente da invasão.

As ações dos sem-terra na região ganhariam destaque um ano depois, quando, em dezembro de 1980, eles organizaram um acampamento na Encruzilhada Natalino, entre os municípios gaúchos de Ronda Alta, Sarandi e Passo Fundo. O acampamento foi criado pelo fato de a polícia gaúcha ter cercado uma propriedade de um fazendeiro italiano, que seria invadida no momento em que o papa João Paulo 2º pisasse no Brasil, em meados de 1980. Sem chances de invadir, tiveram de acampar.

No ano seguinte, cerca de 600 famílias já se acumulavam por quase dois quilômetros de estrada. Nessa época, dom Pedro Casaldáliga, bispo de São Félix do Araguaia (MT), viajou ao local e realizou uma missa para 6 mil pessoas, o que definitivamente chamou a atenção dos militares, que, para intervir no acampamento, enviaram ao local o major Sebastião de Moura, conhecido como coronel Curió, o mesmo que mais tarde atuou no garimpo de Serra Pelada, em Carajás (PA).

Curió não usou de violência, mas conseguiu convencer alguns líderes sem-terra e dezenas de famílias a embarcar em ônibus fretados pelo governo para cidades do interior de Mato Grosso, por exemplo, onde os projetos de colonização estavam em fase de implantação. De qualquer forma, a Encruzilhada Natalino, pelo apoio popular que conquistou à época, ficou marcada para os sem-terra como um símbolo de organização. Assim como a invasão da fazenda Macali ficou marcada como um símbolo de ação contra o latifúndio e a favor da reforma agrária.

"A ditadura militar politizou o acampamento quando decidiu intervir no local com o major Curió. Eles militarizaram, politizaram e nacionalizaram o acampamento. Então as pessoas começaram a se solidarizar com a Encruzilhada Natalino, porque era um movimento que tinha afrontado a ditadura, assim como as greves do ABC", conta Stedile.

A partir disso, encontros anuais de trabalhadores rurais tornaram-se rotina. Em junho de 1982, trabalhadores de cinco estados (RS, SC, PR, SP e MS) se encontraram em Medianeira (PR), por iniciativa da CPT. Em setembro do mesmo ano, um seminário da CPT, em Goiânia, reuniu 22 agentes de pastoral e 28 líderes sem-terra, posseiros, meeiros e arrendatários de 16 estados do país. Nele, foi levantada a idéia da criação de um movimento nacional dos sem-terra, autônomo em relação à Igreja Católica. Em fevereiro de 1983, cerca de 1.200 trabalhadores rurais de 34 municípios paulistas se reuniram em Andradina (SP).

"No que diz respeito à articulação, os participantes decidiram que devem se fortalecer as ligações regionais, isto é, a partir das categorias existentes nas grandes regiões, tais como os bóias-frias do Sudeste e Sul, os arrendatários do Sul, os posseiros do Centro-Oeste, os assalariados da zona da cana de Pernambuco etc. Depois de fortalecida esta articulação regional, estabelecer, então, uma articulação mais ampla e de nível nacional", diz o texto assinado em Goiânia, em 26 de setembro de 1982, por representantes de 16 Estados.[41]

O MST nasceu num momento em que o desemprego crescia no campo, com o processo de modernização da agricultura, e com o final do processo de industrialização nas regiões urbanas, o que inviabilizava a ida do trabalhador rural para as zonas urbanas. Preferiu não se oficializar, temendo eventuais intervenções federais. O nome MST, aliás, não está registrado em nenhum cartório do país. As verbas públicas e as doações que recebem chegam por meio das contas bancárias de suas cooperativas. Na prática, mar-

---

[41] O documento consta do banco de dados da CPT nacional, em Goiânia (GO).

chas, invasões e acampamentos são financiados com dinheiro do governo federal.

A partir de sua criação, o MST viveu fases diferentes: durante o governo Sarney (1985-90), aprendeu que as invasões de terra eram a principal e mais eficaz forma de pressão; sob Collor (1990-92), nada ganhou, a não ser uma repressão direta do governo federal; com Itamar (1992-94), pôde ao menos dialogar, mas sem avanços; e, na gestão FHC (1995-2002), lucrou com um número jamais visto de desapropriações, mas teve de recuar com a medida provisória antiinvasão e dar explicações sobre a imposição aos assentados de um pedágio[42] sobre os créditos que recebiam do governo, tudo isso em meio a invasões, saques e massacres. Nos dois primeiros anos da administração Lula, viu triplicar o número de famílias acampadas, enquanto as promessas não saíam do papel.

DIVERSIDADE NO CAMPO

Balanços da Ouvidoria Agrária Nacional indicavam a existência de pelo menos 51 grupos dividindo as ações por terra no país nos dois primeiros anos da administração Lula (2003 e 2004). Nos balanços das invasões, aparecem movimentos sociais, entidades sindicais rurais, ramificações da Igreja Católica e até braços agrários da CUT e da Força Sindical. Tais grupos são

---

[42] Reportagens da *Folha de S.Paulo* assinadas por Josias de Souza em 2000 mostraram que o MST costumava cobrar um "pedágio" de 3% sobre a verba que os assentados recebiam do governo federal para o cultivo da terra. Inquéritos policiais foram abertos durante a gestão FHC para apurar supostos desvios de dinheiro público com as tais "contribuições", nem sempre espontâneas.

integrados por posseiros, pequenos agricultores, trabalhadores rurais assalariados, atingidos por barragens e os chamados sem-terra.

Para mostrar essa descentralização do movimento, podem-se tomar como exemplo os meses de março, abril e maio de 2004, que, juntos, somaram 197 invasões de terra pelo país – uma média de 65 casos por mês. Nesse intervalo, 25 grupos registraram pelo menos uma invasão de terra.

A descentralização em siglas, porém, não se reflete nas ações, já que poucos grupos concentram a maioria dos casos. Das 197 invasões entre março e maio de 2004, 137 (70% dos casos) tiveram o MST como responsável. Em parceria com algum outro movimento, o MST participou de outras cinco invasões no mesmo intervalo. Bem atrás do MST, mas na segunda colocação, aparece a Contag e suas federações, com 11 casos, seguida da Organização de Luta no Campo (OLC), com oito invasões – todas elas restritas a Pernambuco. Em todo o ano de 2003, a OLC registrou 32 invasões de terra, ficando atrás do MST (138) e à frente da Contag (22).

Entre as cinco dezenas de grupos atuantes, há alguns formados a partir de dissidências de outros movimentos. Essa, inclusive, é uma das principais preocupações do governo. Isso porque as dissidências ocorrem justamente quando parte de um grupo cansa do diálogo e propõe a radicalização das ações.

Vale dizer que o tamanho das organizações não é visto como um sinal de radicalismo. Pequenos movimentos têm demonstrado o contrário. Um dos mais problemáticos é o Movimento de Camponeses de Corumbiara (MCC), organizado em Minas Gerais e Rondônia. Até 1998, seus líderes usavam capuzes para negociar com o governo. Depois, diante da recusa das autoridades de conversar sob tal forma, o MCC criou a Liga dos Camponeses Pobres (LCP): o primeiro para radicalizar, e o segundo, para negociar.

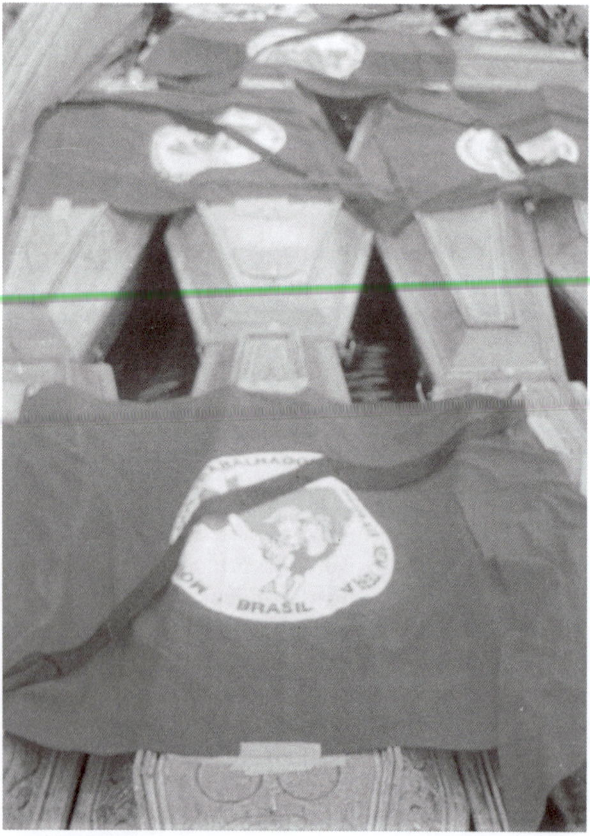

Caixões dos sem-terra mortos no confronto com a Polícia Militar em Eldorado do Carajás, PA (21/4/1996)

4. VIOLÊNCIA NO CAMPO

Em 2003, primeiro ano do governo Luiz Inácio Lula da Silva, a Ouvidoria Agrária Nacional registrou 42 assassinatos motivados por conflitos fundiários. A CPT, com metodologia diferente da usada pela ouvidoria, apontou 73 mortes.[43]

Em tais números, apesar de a motivação da morte ser a disputa pela terra, existem diferentes tipos de enfrentamento. Ao longo dos anos, compõem essa estatística, entre outros, posseiros vítimas de grileiros no sul do Pará, trabalhadores rurais atacados por jagunços durante a invasão de uma fazenda em Pernambuco e

---

[43] Até 1999, ano em que foi criada a Ouvidoria Agrária Nacional, o governo federal utilizava números colhidos pela CPT. No ano seguinte, o governo passou a usar apenas os dados da ouvidoria. CPT e ministério têm metodologias diferentes. Para o ministério, somente são registrados os casos nos quais haja um boletim de ocorrência que relate o conflito agrário como a motivação da morte. Já a CPT, além dos dados policiais, colhe informações com agentes da Pastoral nos Estados, movimentos sociais e imprensa. Em 2003, por exemplo, a CPT registrou 391 invasões de terra, contra 222 da ouvidoria.

sem-terra mortos a tiros por policiais militares na desocupação de determinada área em Rondônia. Raros, apesar de ocorrerem, são os casos de funcionários de propriedades rurais mortos por agricultores.

Criada em 1999 pelo governo Fernando Henrique Cardoso para prevenir e controlar os conflitos fundiários, a Ouvidoria Agrária Nacional aponta 15 principais causas geradoras de crises, conflitos agrários e violência no campo:

1) Extração ilegal de madeira: principalmente quando feita por grileiros de terras públicas, como acontece, por exemplo, em Rondônia e no Pará;

2) Milícias armadas: grupos de segurança particular não autorizados pela Polícia Federal que agem como se fossem policiais, "prendendo" trabalhadores e respondendo à bala às tentativas de invasão das fazendas;

3) Crime organizado;

4) Despejos violentos;

5) Impunidade;

6) Bandidos nos projetos de assentamento;

7) Grilagem de terras públicas;

8) Justiça com as próprias mãos;

9) Deficiências da Polícia Civil;

10) Ausência do Poder Judiciário e do Ministério Público;

11) Deficiências da Polícia Federal;

12) Falta de regularização fundiária;

13) Áreas indígenas não demarcadas;

14) Liminares em ações possessórias;

15) Violência policial.

Os objetivos da ouvidoria são audaciosos, pois visam encontrar uma solução para tensões fundiárias em todo o país, contando apenas com um quadro enxuto de funcionários. No início do governo Lula, que herdou uma estrutura sucateada tanto do Incra como da ouvidoria, apenas duas pessoas do órgão tinham autorização do governo para tais ações. Quase não ficavam em Brasília. Na maioria dos casos, seus destinos já eram conhecidos: sertão de Pernambuco, centro do Paraná, noroeste de Minas Gerais, oeste de São Paulo e sul do Pará.

INVASÕES DE TERRA

Segundo a ouvidoria, a principal forma de pressão dos movimentos sociais do campo contra os governos tem sido a invasão de terra. Na maioria dos casos, determinado grupo de sem-terra escolhe como alvo uma fazenda improdutiva, ou seja, aquela que o Incra terá mais facilidade para desapropriar.

As ações, em geral, ocorrem durante a noite, o que dificulta a eventual presença de seguranças particulares e de policiais militares. Quando o dia amanhece, os barracos de lona já estão erguidos e, muitas vezes, sementes já foram plantadas na área. As desapropriações de terra, em sua maioria, têm como origem uma invasão.

Os sem-terra, aliás, utilizam apenas o termo "ocupação" quando entram em uma propriedade. Para eles, entrar numa área considerada improdutiva (ou seja, que não cumpre sua função social) não caracteriza uma "invasão".[44]

Entrar numa área é notoriamente uma situação de risco – contra-ataques do proprietário da área são iminentes e podem vir à bala. Não é raro os sem-terra

---

[44] Bernardo Mançano Fernandes, *A Reforma Agrária*. São Paulo: Editora Ática, 2004.

também se armarem nesse tipo de ação. Quase sempre estão munidos de pás, enxadas, foices e facões, além de armas convencionais de caça. Para eles, simples instrumentos de trabalho. Aos olhos dos fazendeiros, "armas de guerra".

Nos dois primeiros anos da gestão Lula, o número de invasões de terra explodiu. Em 2003, segundo a ouvidoria, ocorreram 222 casos, contra 103 em 2002, um avanço de 115%. Em 2004, as invasões prosseguiram em quantidade acima da média. Entre janeiro e novembro, foram 327 casos, crescimento de 47% diante do mesmo período de 2003.

"Ao nomear pessoas ligadas ao MST para o Ministério do Desenvolvimento Agrário e para a presidência do Incra e suas superintendências, o governo Lula, de forma indireta, passou a incentivar as invasões de terra", afirmou, em depoimento para este livro, o presidente nacional da UDR, Luiz Antonio Nabhan Garcia.

INVASÕES DE TERRA NO PAÍS[45]

REGIÃO	ANO					
	2000	2001	2002	2003	2004*	TOTAL
NORTE	12	16	3	6	9	46
NORDESTE	94	36	35	87	134	386
C. OESTE	53	45	13	38	48	197
SUDESTE	50	44	34	46	97	271
SUL	27	17	18	45	39	146
TOTAL	236	158	103	222	327	1.046

* até novembro

[45] Segundo a Ouvidoria Agrária Nacional, vinculada ao Ministério do Desenvolvimento Agrário.

Somados os totais registrados em 2000 (236), 2001 (158) e 2002 (103), ainda assim os dois primeiros anos de Lula, 2003 (222) e 2004 (327), ficam com uma quantidade superior. Ou seja, o número de invasões nesses dois anos de governo Lula (549) avançou 10% em relação aos três últimos anos de FHC (497).

Sob Lula, o MST lidera com folga as ações entre os movimentos. Das 222 invasões de 2003, o movimento foi responsável por 138, ou seja, 62%. Atrás dele, aparecem a OLC (14%) e a Contag e suas federações espalhadas pelo país (10%).

Em 2004, além de ter liderado o *ranking* das ações pelo país (com 218 das 327 invasões), o MST também foi o responsável pela organização do chamado "abril vermelho",[46] onda de invasões de terra ocorrida entre a última semana de março e os primeiros dias de maio. Criada em 1999, a ouvidoria jamais havia registrado tantas invasões num único mês. Em abril de 2004, foram 109, sendo 79 apenas do MST.

Atrás do "abril vermelho" de 2004, aparece o mesmo mês de abril, só que de 2000, com 79 invasões de terra registradas pela ouvidoria. A concentração das ações em abril, aliás, tem uma explicação. É uma forma que os movimentos e entidades encontraram para homenagear as vítimas do massacre de Eldorado do Carajás (PA), ocorrido em abril de 1996.

[46] Expressão criada com base em declaração de João Pedro Stedile, no final de março de 2004, quando anunciou que o mês de abril seria "vermelho" por causa da jornada de lutas do movimento. O vermelho é uma alusão às cores das camisas, bandeiras e bonés do MST.

ELDORADO DO CARAJÁS

Tratar da violência no campo no Brasil é relatar, entre outros, o caso de Eldorado do Carajás. Por lá, o que se viu foi uma soma de pressão dos sem-terra pela reforma agrária, truculência do Estado e, principalmente, impunidade.

O massacre foi o caso mais emblemático dos anos 90, principalmente pela forma como ocorreu e pelas repercussões negativas à imagem do Brasil no exterior. Também protagonizou o maior julgamento da história do país em número de vítimas e de acusados.

A ordem da ação, à época, veio do governo paraense, mas o desgaste recaiu por inteiro sobre o então presidente Fernando Henrique Cardoso, com a Organização dos Estados Americanos (OEA) ameaçando obrigar o país a indenizar os familiares dos mortos.

O massacre ocorreu no dia 17 de abril de 1996. Naquele dia, o objetivo da Polícia Militar era desobstruir a chamada curva do S da rodovia PA-150, que havia sido bloqueada um dia antes por um grupo de aproximadamente 1.100 sem-terra ligados ao MST. A ordem veio de 768 km de distância, do gabinete, em Belém, do então governador do estado, Almir Gabriel (PSDB).

No final, 19 trabalhadores rurais que marchavam rumo a Belém foram assassinados, numa ação conduzida por cerca de 150 policiais. Houve ainda um saldo oficial de outras 81 pessoas feridas no confronto – 69 sem-terra e 12 PMs.

A perícia apontou que os trabalhadores rurais foram mortos com tiros à queima-roupa e golpes de machado e facão. Imagens gravadas por um cinegrafista amador mostraram a revolta dos sem-terra minutos após o crime, munidos de pás e enxadas, correndo desesperados em direção aos policiais armados. Alguns policiais ficaram feridos.

Os relatos dos sobreviventes impressionam. Em depoimento ao repórter da *Folha de S.Paulo* Maurício Simionato, em 2003,[47] o agricultor Josimar Pereira de Freitas, então com 39 anos, disse ter certeza de que o número de mortos ultrapassou 19 pessoas. "Até hoje tenho pesadelos com aquele dia. Minha perna direita foi quebrada por um tiro que atravessou na altura da canela. Só consegui me salvar porque me arrastaram para um lugar mais seguro. Tenho dificuldades para trabalhar. Tomo remédios todos os dias para evitar as câimbras."

A agricultora Rubenita Justiniano da Silva, com 35 anos na época da entrevista, também relatou de forma dramática aquele 17 de abril: "Levei um tiro de revólver no pescoço e perdi sete dentes. Não trabalho desde o massacre, preciso tomar remédios e me alimento basicamente de líquidos por causa dos ferimentos". Rubenita, assim como Josimar, também sustenta a tese de que mais de 19 sem-terra morreram naquele dia.

O primeiro julgamento do caso ocorreu em 1999, mas acabou anulado. O segundo aconteceu em meados de 2002. Foram 135 horas de julgamento dividido em 13 dias e seis sessões. O Conselho de Sentença julgou 146 policiais militares, sendo que dois foram condenados e 144 absolvidos. Os comandantes da operação, coronel Mário Colares Pantoja e major José Maria de Oliveira, foram condenados a 228 e 158 anos de prisão, respectivamente, com suas sentenças confirmadas em recursos julgados em 2004.

O caso de Eldorado do Carajás, porém, não ocorreu de forma isolada na história do país. Um ano an-

---

[47] 17/4/2003.

tes, o país já havia presenciado um caso semelhante, o chamado massacre de Corumbiara, em Rondônia, com um saldo de 12 mortos – sendo dez sem-terra e dois policiais militares. No governo Lula, em novembro de 2004, uma chacina deixou cinco sem-terra mortos e outros 13 feridos em Felisburgo (MG).

OS LIMITES DE UMA INVASÃO

Em linhas gerais, a invasão de terra é aceita como uma ação legítima pelo governo Luiz Inácio Lula da Silva – fato que provoca arrepios nos fazendeiros –, ao contrário do que ocorria sob FHC, quando foi criminalizada.

Para a Ouvidoria Agrária Nacional, as ações são "legais", desde que alguns limites sejam respeitados. "A mobilização dos movimentos sociais que demandam providência do poder público para fazer a reforma agrária é um meio perfeitamente legal, desde que não seja acompanhada de destruição de patrimônio, matança de gado, colocação de pessoas em situação de reféns, lesões corporais, essas coisas que normalmente acabam acontecendo durante o processo de ocupação", disse o ouvidor agrário nacional, Gercino José da Silva Filho, em depoimento para este livro.

Respeitados esses pontos, as ações ganham o aval do governo. "Se as ocupações forem feitas sem essas ilegalidades, eles [os sem-terra] têm o total apoio do governo federal. Caso contrário, tomamos as providências e pedimos a abertura de inquérito [policial] para apurar o caso."

A ouvidoria ressalta, porém, que a Constituição deve ser cumprida – áreas consideradas produtivas (ou seja, que respeitam os índices de produção por hectare) não podem ser desapropriadas para fins de reforma agrária, a não ser que seu proprietário esteja disposto a isso.

A área deve ainda cumprir sua função social (que, além da produção, envolve respeito às questões ambientais e trabalhistas) e estar legitimamente destacada do patrimônio público (não ser grilada ou devoluta, por exemplo). Numa desapropriação, o governo paga pela terra e pelas benfeitorias da fazenda, tudo em valor de mercado e sob aprovação da Justiça.

No caso das invasões, a violência pode ocorrer tanto na entrada dos trabalhadores como em sua saída da fazenda, muitas vezes forçada por seguranças ou policiais militares – esses, em geral, munidos de uma autorização judicial, que é o chamado "mandado de reintegração de posse" concedido ao proprietário.

Há no país, segundo a Ouvidoria Agrária Nacional, diferentes formas de os fazendeiros defenderem as suas propriedades.

Nas regiões Sul e Sudeste, o auxílio judicial aparece em primeiro lugar, por meio da reintegração de posse ou de uma ação possessória. No Nordeste, existe a figura tradicional da contratação de pistoleiros para eliminar líderes de trabalhadores rurais. Agindo dessa forma, de acordo com a ouvidoria, os fazendeiros acreditam enfraquecer determinado grupo de sem-terra que reivindica a reforma agrária naquela região. Ações desse tipo, nos anos 70 e 80, eram comuns contra líderes religiosos.[48]

---

[48] Um caso que ganhou repercussão internacional foi o assassinato, em maio de 1986, do padre Josimo Morais, coordenador da CPT na região do Bico do Papagaio (parte do atual estado do Tocantins). O padre, então com 33 anos e morto com tiros pelas costas, era o principal líder dos trabalhadores rurais da região. Teve seu nome aclamado como mártir na luta pelo direito à terra pela CNBB.

Já nas regiões Norte e Centro-Oeste do país, a defesa da área muitas vezes ocorre por iniciativa dos próprios fazendeiros, incluindo, nesses casos, a contratação de pistoleiros para fazer o serviço. "Às vezes, [os fazendeiros] usam as polícias Militar e Civil para fazer essa autodefesa e, conseqüentemente, a justiça com as próprias mãos", afirma Gercino.

Os fazendeiros, segundo a ouvidoria, podem reagir legalmente às tentativas de invasão às suas propriedades. A ação, porém, deve ser proporcional à dos sem-terra. "Se o movimento está armado de enxadas e facões, os fazendeiros podem fazer a defesa de enxadas e facões. O que não pode acontecer são os fazendeiros reagirem à bala num caso como esse, o que caracteriza uma desproporção na defesa, que retira a licitude da defesa da propriedade."

A página na internet do Movimento Nacional de Produtores (MNP)[49] traz uma instrução aos fazendeiros sobre como agir num momento em que sua propriedade está sendo invadida: "Só utilize a força (desforço imediato) em último caso e sempre em reação. O uso da força tem de ser imediato à ação do invasor, ou seja, se não houver tempo para chamar a polícia. A lei autoriza o uso da força no limite indispensável à manutenção e restituição da posse. Só é possível o emprego de armas de fogo em situações extremas e para reagir, pois os meios judiciais são eficazes no combate à invasão".

[49] www.mnp.org.br

ASSASSINATOS E IMPUNIDADE

Em 2003, segundo a ouvidoria, 42 pessoas foram assassinadas no campo em decorrência de conflitos fundiários, contra 20, em 2002, e 14, em 2001. Das 42 mortes daquele ano, 74% (31) ocorreram na região Norte do país, em especial no estado do Pará (19). Na seqüência do *ranking* dos estados aparecem Rondônia (8) e Mato Grosso (3).

Segundo a Ouvidoria Agrária Nacional, a "ausência" do poder público na região Norte do país incentiva essa escalada de mortes. Muitos municípios não possuem juízes, promotores e delegados. Há pouquíssimos policiais militares. "Com isso, o poder paralelo e ilegal se estabelece", afirmou o ouvidor. No Pará, as motivações dos enfrentamentos trazem uma mistura de grilagem de terra e da reforma agrária com os assentamentos.

Mas o que mais chama a atenção, não apenas nos casos de Eldorado do Carajás e de Corumbiara, é a impunidade em relação aos assassinatos motivados por conflitos fundiários. Não que no cotidiano urbano seja diferente, mas, pela coleta e cruzamento de dados, fica notória a falta de Justiça no campo.

Dados da CPT não deixam dúvidas em relação a isso. Entre 1985 e 2003, segundo o braço agrário da Igreja Católica, houve 1.003 casos de crimes no campo, com um saldo de 1.349 pessoas assassinadas. Apenas 75 casos foram julgados – o que representa cerca de 7,5%.

Entre os mandantes dos crimes, 21 foram a julgamento. Deles, 15 foram condenados e seis, absolvidos. Entre os executores, 108 foram julgados – com 64 condenados e 44 absolvidos.

Há diferenças gritantes, se a análise for feita por estado. Em Minas Gerais, segundo a CPT, foram registrados 58 casos de assassinatos entre 1985 e 2003. No total, 70 assassinatos e 22 casos julgados, com 20 executores e um mandante condenados. Já no Pará, estado que lidera o *ranking* de assassinatos, apenas dez dos 327 casos com mortes no campo foram julgados. Diante de 521 mortos, cinco mandantes e oito executores foram condenados.

MORTES X INVASÕES

Não existe um paralelo entre os *rankings* de invasões e de mortes no campo. Enquanto o Pará e a região Norte lideram ano após ano em número de assassinatos, Pernambuco e o Nordeste, região que em 2003 teve apenas quatro mortes registradas pela ouvidoria, aparecem no topo da lista das invasões de terra. Entre 2000 e 2003, a ouvidoria registrou 719 invasões em todo o país. Dessas, 252 ocorreram em estados do Nordeste, seguidos de Sudeste (174), Centro-Oeste (149), Sul (107) e Norte (37).

Já na tabulação dos estados, a liderança está com Pernambuco, com 129 invasões entre janeiro de 2000 e dezembro de 2003. No primeiro ano de governo Lula, o estado que viu nascer as Ligas Camponesas no século passado registrou sozinho 64 invasões de terra. Excetuando o Nordeste, nenhuma região do país superou essa marca pernambucana em nenhum dos anos entre 2000 e 2003.

"Em Pernambuco existem 14 movimentos sociais atuantes. Cada um quer ter uma quantidade maior de trabalhadores rurais sem-terra ligados à sua sigla.

Então a busca pela reforma agrária fica maior, mais intensa e aumenta também o número de trabalhadores rurais filiados a todos esses movimentos. E isso inclusive provoca violência entre eles. Às vezes há dois, três movimentos reivindicando a mesma área", diz o ouvidor agrário nacional.

Entre 2000 e 2003, o *ranking* dos estados tem Mato Grosso do Sul (85), São Paulo (78), Minas Gerais (66) e Paraná (52) logo atrás de Pernambuco. O estado do Pará, líder em assassinatos, registrou 27 invasões nesses quatro anos.

5. FHC E LULA, A REBOQUE DAS PRESSÕES

O primeiro governo Fernando Henrique Cardoso (1995-98) não poderia ter começado de forma mais turbulenta no campo. Duas chacinas, de Corumbiara (1995) e Eldorado do Carajás (1996), deixaram, além de 29 trabalhadores rurais e dois policiais mortos, uma administração federal refém e acuada diante das pressões dos movimentos sociais. Uma amostra disso foi a criação do Ministério Extraordinário de Política Fundiária duas semanas após o massacre no sul paraense.

Esses casos, nos quais sem-terra foram mortos com tiros na nuca e nas costas, e que valeram ao Brasil condenações de organismos internacionais de direitos humanos, justificou o crescimento do MST e sua conseqüente radicalização.

Cabe dizer que as cobranças sociais dos sem-terra tinham contornos partidários, em especial pelo apoio estrutural e ideológico do PT, principal partido de oposição ao governo tucano. Petistas eram simpáticos às invasões e atuantes nas marchas de reivindicação a Brasília.

As ações no campo, aliás, avançaram após os massacres. Segundo a CPT,[50] o número de invasões passou de 145, em 1995, para 397, em 1996, um avanço de 173%. Em 1997, o braço agrário da Igreja Católica apontou 455 casos – crescimento de 14% diante de 1996 e de 213% em relação a 1995.

Na primeira gestão de FHC, foram registradas 1.443 invasões de terra. Mas as ações do MST, em especial, não se resumiram a isso. Viraram rotina as marchas, os saques de alimentos (principalmente no Nordeste) e as invasões a prédios públicos, como bancos estatais e superintendências do Incra.[51]

Sobre marchas, vale lembrar a de 1997, que chegou a Brasília no dia 17 de abril, exatamente um ano após o massacre de Eldorado do Carajás. O movimento conseguiu reunir cerca de 50 mil pessoas na Esplanada dos Ministérios. FHC viu tudo de seu gabinete.

No ano seguinte, o governo decidiu arregaçar as mangas e partir para o enfrentamento com o movimento (leia-se: esquerdistas ligados ao PT). O Ministério da Justiça, à época sob o comando de Renan Calheiros (AL), deixou claro que todas as ações dos sem-terra seriam respondidas judicialmente, de imediato.

Era, na prática, uma determinação e um aval para que os secretários estaduais da Segurança Pública cumprissem à risca as ordens judiciais de reintegração de

---

[50] Como já vimos, até 1999, os números da CPT eram usados nos balanços do governo federal. A partir de 2000, os dados passaram a ser registrados pela então recém-criada Ouvidoria Agrária Nacional. CPT e ouvidoria usam metodologias diferentes.

[51] O Incra possui 29 superintendências regionais. Uma em cada estado, além de uma no Distrito Federal, uma em Marabá (PA) e outra em Petrolina (PE).

posse. A Polícia Militar deveria estar pronta para retirar os invasores das fazendas, cientes, porém, de que a truculência não poderia resultar em novos massacres. Começava, então, o que ficou conhecido como período de "criminalização" dos trabalhadores rurais sem-terra.

O serviço de inteligência da Polícia Federal também passou a atuar. Alguns agentes foram infiltrados nos acampamentos e assentamentos do movimento. Reportagens da *Folha de S.Paulo* de 2001, assinadas pelo repórter Josias de Souza, mostraram que, sob Fernando Henrique Cardoso, agentes de inteligência do exército também atuaram infiltrados no MST, movimento classificado pelos militares como "força adversa".[52]

SEGUNDO MANDATO: OUVIDORIA E MP

FHC se reelegeu – e seu segundo mandato começou com mais um recorde de invasões de terra. Foram registrados, segundo a CPT, 502 casos em 1999, contra 446, em 1998.

Uma das primeiras ações, então, foi criar a Ouvidoria Agrária Nacional, órgão vinculado ao ministério da área que deveria prevenir e controlar os conflitos no campo. Teria, além disso, a função de contabilizar o número de invasões de terra e de assassinatos no campo (os dados da CPT estavam muito altos).[53] Para o cargo de ouvidor, como já vimos, foi escalado o desem-

---

[52] 2/8/2001.

[53] Em 2000, a ouvidoria apontou 236 invasões, contra 391 da Comissão Pastoral da Terra.

bargador Gercino José da Silva Filho, acostumado a lidar com o crime organizado acreano.

Em maio de 2000, um duro golpe do governo foi aplicado com precisão contra os sem-terra. A edição da chamada medida provisória "antiinvasão" proibiu por dois anos as avaliações e vistorias em terras invadidas, excluiu do programa de reforma agrária os assentados que participassem de invasões e suspendeu todos os processos em tramitação durante as invasões. O PT, à época, tentou, em vão, vetar a edição da MP.

"A medida provisória mudou muito o rumo do movimento. O movimento entrou em refluxo, voltou atrás e perdeu espaço político. Diminuíram as ocupações de terra, aumentou o número de prisões, o número de famílias acampadas foi represado. O governo queria e conseguiu encontrar um obstáculo político para o movimento", disse o geógrafo e especialista no movimento Bernardo Mançano Fernandes, em entrevista para a *Folha de S.Paulo*.[54]

Com a edição da MP, o número de invasões de terra realmente caiu. Entre janeiro e maio de 2000, sem a medida provisória, a ouvidoria havia registrado 159 invasões. Já com a MP, entre junho e dezembro, foram 77 casos.

O governo federal, então, na chamada linha de criminalização, passou a tornar públicos os imóveis rurais e os trabalhadores sem-terra foram enquadrados pela medida provisória. Na página do Incra na internet havia três listas (retiradas no início do governo Lula) com os nomes das áreas com vistoria impedida por dois anos, áreas com processo de desapropriação interrompido e assentados excluídos do programa de reforma agrária (inclusive com seus respectivos CPFs).

---

[54] 19/1/2004.

BALANÇOS INFLADOS

Para tentar calar as vozes oposicionistas do PT e o radicalismo do MST, o governo FHC tratou de lançar metas anuais audaciosas para o assentamento de famílias de trabalhadores rurais. Metas altas que, se cumpridas, seriam uma resposta rápida, prática e documentada em balanços, principalmente a partir de 1997.

Estudo realizado entre julho e setembro de 2002 sob a coordenação de Gerd Sparovek[55] e com apoio técnico e financeiro do governo federal detectou 328,8 mil famílias assentadas entre 1995 e 2001, em 3.534 projetos de assentamento. Trata-se de um número altíssimo de beneficiados que deveria ser comemorado pelo governo. Número que supera as 218 mil famílias assentadas entre 1964 e 1994 no país.

Mesmo diante de um desempenho superior ao de seus antecessores, o governo achou pouco e preferiu inflar seus balanços para efeito de propaganda. Anunciou, à época, ter assentado 584,6 mil famílias no mesmo período (1995-2001)[56] – uma diferença de 44%.

Para isso, consideravam-se "assentadas" as famílias que haviam recebido permissão para entrar em qualquer área adquirida pelo governo federal, estado ou prefeitura. Ou seja, quem não estava na terra já era um "assentado".

A mera capacidade total do assentamento era tomada como o número de famílias "assentadas", sem que efetivamente se soubesse se todos os lotes estavam

---

[55] Gerd Sparovek, op. cit., p. 44. O estudo é assinado por USP, FAO e Ministério do Desenvolvimento Agrário.

[56] Em 2002, ano eleitoral e último de FHC, não houve balanço.

ocupados. Outra tática: famílias que ocupavam determinada área havia décadas e pela primeira vez recebessem uma parcela do crédito agrário ou tivessem suas situações fundiárias regularizadas também passavam a ser contabilizadas como assentadas nos balanços.

E mais: o ministério considerava terrenos vazios como "novos assentamentos" (as chamadas "áreas-fantasmas") e não subtraía de seus relatórios as famílias que abandonavam suas áreas por problemas de crédito e infra-estrutura.

Dado interessante: o governo federal chegou a modificar o detalhamento de seus "assentamentos" nos relatórios anuais. Nos relatórios de 1995, 1996 e 1997, o Incra dividia as famílias entre "novos assentamentos em projetos antigos" e "assentamentos criados" em determinado ano. Nos relatórios de 1998 e 1999, para facilitar a maquiagem, passou apenas a indicar as "metas" e os assentamentos "realizados" no período.

Em abril de 2002, logo depois de a *Folha de S.Paulo*[57] ter revelado que o governo federal havia inflado os números de seu programa de reforma agrária, incluindo candidatos a receber terra em balanço de assentamentos, o Ministério do Desenvolvimento Agrário resolveu mudar a regra e oficializar a prática.

A portaria 80,[58] do ministro José Abrão,[59] possibilitou considerar terrenos baldios como "assentamen-

---

[57] Uma série de reportagens indicou que os balanços da reforma agrária do governo FHC estavam inflados. Antes disso, relatórios e informativos da Associação Brasileira de Reforma Agrária (Abra) e da Cnasi (entidade dos servidores do Incra) já haviam feito tal denúncia.

[58] Publicada no *Diário Oficial* da União de 25 de abril de 2002, quatro dias após a primeira de uma série de reportagens da *Folha de S.Paulo* indicando os balanços da reforma agrária do governo FHC. A portaria foi revogada pelo presidente Luiz Inácio Lula da Silva, em 2003, quando sua gestão inflou o número de assentamentos.

[59] Abrão entrou na vaga de Raul Jungmann (PE), que abandonou o cargo para ser pré-candidato do PMDB à Presidência da República.

tos" e pessoas apenas inscritas e selecionadas para tentar obter terra do governo como "assentadas".

As manipulações governamentais, porém, não se resumiram a isso. O governo FHC também contou como "assentados" trabalhadores rurais que já estavam mortos havia anos. Eles chegaram às terras ainda na década de 1980, trazidos pela ditadura militar, mas passaram a integrar as estatísticas da reforma agrária do governo Fernando Henrique Cardoso.

Um exemplo clássico dos mortos-assentados: na relação oficial de assentados pela reforma agrária no ano de 1999 aparece o nome do agricultor Elizeu Oliveira da Silva como beneficiado naquele ano no Projeto de Assentamento Rio Juma, no município de Apuí (AM). O mesmo Elizeu, porém, havia sido encontrado morto numa delegacia da cidade em novembro de 1997. Ou seja, foi assentado quase dois anos depois de morto.[60]

A FAZENDA E A ELEIÇÃO

Ao lado dos massacres de Rondônia (1995) e do Pará (1996) e da marcha a Brasília (1997), a invasão de trabalhadores rurais ligados ao MST à propriedade dos filhos de Fernando Henrique Cardoso foi um dos principais pontos polêmicos do campo durante a gestão tucana.

Em 23 de março de 2002, sem-terra invadiram a fazenda Córrego da Ponte, em Buritis (MG). No local,

---

[60] O caso de Elizeu, morto aos 28 anos, tornou-se emblemático pois, à época, não se sabia se o agricultor fora assassinado, como sustentavam os trabalhadores rurais da região, ou se cometera suicídio, como apontava a versão policial e dos médicos-legistas.

deixaram-se fotografar dentro da casa da fazenda, com os pés sobre mesas e sofás, e com garrafas de bebidas do presidente já vazias em suas mãos. Bandeiras vermelhas do movimento foram fincadas na sede da propriedade.

O fato ganhou contornos internacionais e obrigou o PT a ir a público para dizer oficialmente que condenava a atitude dos sem-terra, apontada pelos tucanos como uma provocação petista contra o governo FHC. O PT, por sua vez, pensava o contrário, encarando o fato como um possível ponto de desgaste nacional para a candidatura do partido.

À época, as ações do MST eram vistas pelo publicitário Duda Mendonça como um risco à candidatura "paz e amor" de Luiz Inácio Lula da Silva. "Você, que tem a sua terra e produz, saiba que um governo do PT não vai tolerar desrespeito à sua propriedade", disse Lula, num programa gratuito na TV, três semanas após a invasão da fazenda de FHC.

A partir disso, o PT passou a dar sinais reversos em relação à sua posição histórica de reforma agrária. Durante a campanha de 2002, ao contrário de pleitos anteriores, decidiu não estipular uma meta de assentamentos em seu programa de governo. Um documento do PT preparado em meados daquele ano falava em 500 mil famílias entre 2003 e 2006, mas isso foi ignorado no momento de fechar as propostas oficiais. Em 1994, o candidato Lula prometera assentar 800 mil famílias. Em 1998, a meta subira para 1 milhão.

Além de não estipular uma meta, o comando de campanha petista ficou em cima do muro quando questionado se iria revogar a medida provisória "antiinvasão" editada por FHC. Dois anos antes, porém, havia entrado na Justiça para tentar derrubá-la. Mesmo assim, o PT e seu candidato Lula ganharam o apoio do MST e da Contag durante a campanha.

GOVERNO LULA

A eleição do sindicalista e ex-metalúrgico Luiz Inácio Lula da Silva à Presidência da República em outubro de 2002 provocou uma corrida de famílias sem-terra a acampamentos de todo o país.

A ida aos acampamentos, que eram criados às pressas e em grande número, tinha uma justificativa. Lula, à época, significava a esperança a dezenas de milhares de sem-terra que acompanharam seus inflamados discursos enquanto candidato de oposição.

Desde 1989, quando concorreu pela primeira vez ao Palácio do Planalto, Lula os fez acreditar que a reforma agrária, em um eventual governo do PT, seria rápida, maciça e tranqüila.

"Numa canetada só eu vou dar tanta terra que vocês não vão conseguir ocupar", disse Lula num discurso a sem-terra do Pontal do Paranapanema (SP), na reta final da campanha das eleições de 1994. "Eu sou o único candidato a presidente capaz de fazer uma reforma agrária ampla e tranqüila", afirmou Lula, desta vez na campanha de 2002.

Voltando aos acampados. Segundo a Ouvidoria Agrária Nacional, o governo Fernando Henrique Cardoso deixou, em dezembro de 2002, um saldo de 60 mil famílias acampadas, ou seja, cerca de 252 mil pessoas.[61]

Em outubro de 2003, dez meses após a posse de Lula, a quantidade de famílias debaixo de barracos de lona preta à beira de estradas já ultrapassava 200 mil.

---

[61] Segundo o IBGE, uma família rural tem em média 4,2 pessoas.

O Incra,[62] aliás, não teve estrutura nem sequer para contabilizá-las. Parou nas 170 mil, mas admitiu as 200 mil, ou mais.

E foi justamente no primeiro ano do governo Lula que o tema da reforma agrária explodiu, de novo. Motivos para isso não faltaram, como o MST buscando reforçar sua posição de "autonomia" diante do governo; recorde de famílias acampadas; invasões e assassinatos em alta no campo; e a meta de assentamento cumprida pela metade pelo governo Lula. No ano, ocorreram 222 invasões de terra (contra 103 em 2002), além de invasões a bancos (22), a prédios públicos (98) e bloqueios de estradas (122).

Além disso, em meados de 2003, a reforma agrária apareceu como coadjuvante do primeiro grande confronto entre a base aliada e a oposição no governo de Luiz Inácio Lula da Silva.

À época, quando o Brasil vivia mais uma série de invasões de terra, o presidente Lula recebeu os principais líderes do MST no Palácio do Planalto para uma audiência. Lula disse o de sempre: que a reforma agrária é um compromisso histórico do PT e um compromisso pessoal dele. À frente de fotógrafos e cinegrafistas, colocou em sua cabeça um boné vermelho do movimento.

Tal gesto trouxe a chamada "Crise do Boné", com a oposição bombardeando o presidente por estar, segundo ela, incentivando a violência no campo. No dia seguinte ao encontro, a *Folha de S.Paulo* já trazia um artigo do então presidente nacional do PFL, Jorge

---

62 O governo Lula foi acusado de lotear o Incra com critérios ideológicos. Suas superintendências regionais foram preenchidas por quadros ligados a MST, CUT, CPT e à ala esquerda do PT.

Bornhausen, intitulado "O Boné da Insensatez", no qual dizia que o "presidente da República, no mínimo, contemporizou com os saques e desordens realizados pelo MST".[63]

Criou-se, daí, uma CPI no Congresso, formada por deputados e senadores, para investigar os problemas fundiários no país. Metade dos parlamentares ligados à chamada bancada ruralista (fazendeiros), e a outra metade de políticos simpáticos às causas dos sem-terra.

PROMESSAS SOB PRESSÃO

Com parte de seu orçamento reservado prioritariamente para o pagamento de juros, Lula já assumiu o governo sabendo que não teria condições de cumprir no campo o que havia prometido nos palanques. Desapropriar em massa e a tal "canetada" eram posicionamentos inviáveis para quem tinha caciques da direita entre seus principais aliados.[64]

O governo petista, então, passou a agir (ou melhor, prometer) só quando pressionado pelos sem-terra. Isso logo ocorreu, em maio de 2003, quando Lula discursou durante o Grito da Terra promovido pela Contag em Brasília.

No evento, Lula disse que até dezembro daquele ano assentaria 60 mil famílias, priorizando os acampamentos mais antigos. Tais palavras, porém, foram proferidas à revelia do Incra, que tinha em mãos um

---

[63] 3/7/2003.

[64] Entre seus aliados, Lula tinha o PMDB de José Sarney e o PP de Paulo Maluf, além de uma ala do PFL ligada a Antonio Carlos Magalhães.

orçamento suficiente para beneficiar apenas 37 mil famílias, ou seja, 40% das cerca de 95 mil famílias acampadas à época. Como era óbvio, ao final do ano, o governo conseguiu assentar 36,8 mil famílias, e a promessa do presidente foi engavetada.

Meses depois, dessa vez em novembro, o governo federal mais uma vez reagiria sob pressão dos movimentos ao lançar as metas do novo Plano Nacional de Reforma Agrária (PNRA).[65] Numa mesma semana, o Ministério do Desenvolvimento Agrário ampliou sua meta de 355 mil para 400 mil famílias assentadas até 2006. Isso porque, em meio a uma marcha de 4 mil sem-terra a Brasília, o primeiro anúncio foi chamado de "ridículo" pelo MST, de "mesquinho" pela CPT e de insuficiente pela Contag. Mais uma vez as metas foram ampliadas sem orçamento para cumpri-la.

No início de 2004, outra promessa do governo após as ações vindas do campo. Em março, pressionado pelos sem-terra, que anunciaram e cumpriram uma onda recorde de invasões no país,[66] o presidente prometeu para até dezembro daquele ano uma suplementação de R$ 1,7 bilhão ao Ministério do Desenvolvimento Agrário, o que, somado ao orçamento original da pasta (R$ 1,4 bilhão), atingiria o valor necessário (R$ 3,1 bilhão) para cumprir a meta de 115 mil famílias. Porém, nem metade do valor foi liberado.

Além disso, assim como FHC, o governo Lula também inflou alguns de seus balanços de reforma

---

[65] O Ministério do Desenvolvimento Agrário deixou de lado um anteprojeto do PNRA preparado por uma equipe de acadêmicos sob a coordenação do advogado, economista e deputado federal constituinte do PT Plínio de Arruda Sampaio. O documento previa o assentamento de 1 milhão de famílias em quatro anos.

[66] A Ouvidoria Agrária Nacional registrou 109 invasões em abril de 2004, o maior volume de ações até então registrado pelo órgão num único mês.

agrária. Contabilizou como assentadas, por exemplo, famílias instaladas em projetos estaduais e agricultores com seus registros ainda não oficializados no Incra.

Na prática, em relação à reforma agrária, Lula conseguiu desagradar tanto ruralistas[67] como sem-terra em seus dois primeiros anos de governo. No campo, as invasões de terra ocorreram impunes e sob o incentivo de alguns governantes, o que revoltou os fazendeiros; enquanto o ritmo de desapropriações e de assentamentos se manteve insuficiente para diminuir o número de acampados no país, o que decepcionou os agricultores.

A posição da gestão em relação à medida provisória antiinvasão talvez resuma esse quadro dúbio. Aos fazendeiros, o governo dizia que não iria revogá-la, e, aos sem-terra, que não a cumpriria. Já à imprensa, a informação do governo ia na linha de que a MP "não era eficaz" para conter as ações dos sem-terra.

Vale dizer que, sob Lula, o MST ficou acuado. Estava diante de um governo que ajudou a eleger mas com que tinha medo de romper, mesmo com as fracassadas promessas no campo. Romper com Lula significaria o isolamento político.

Suas ações, como os recordes de invasões, tinham como enfoque o latifúndio e a equipe econômica do governo federal. As figuras do presidente Lula e do ministro Miguel Rossetto (Desenvolvimento Agrário) eram estrategicamente preservadas. Tudo pensado sob o temor de perder as poucas possibilidades de conquistas, as audiências no Palácio do Planalto e os repasses federais para as contas de suas cooperativas em troca de uma suposta independência acompanhada de repressão.

---

[67] Com o aumento do número de acampados e de invasões, os primeiros meses da gestão Lula causaram um *boom* na estrutura de entidades ruralistas, com a ampliação de sedes, abertura de escritórios e contratação de funcionários.

CONCLUSÃO

Ao final de 2003, o sociólogo Zander Navarro[68] definiu um quadro geral do campo. Para ele, os conflitos à frente seriam inevitáveis. "Parece inevitável, à luz da indigência operacional do Ministério do Desenvolvimento Agrário. Essa é uma face de extrema gravidade, pois as vítimas imediatas são os pobres, tangidos pela manipulação de religiosos, do MST e dos coronéis do campo. A ação governamental tem sido escandalosamente leviana, pois incentiva a ocupação de terras, mas não tem nenhuma estratégia para administrar a reação dos fazendeiros", disse à *Folha de S.Paulo.*[69]

A realidade é que a reforma agrária no Brasil entrou no século 21 a quilômetros de distância de su-

---

[68] Professor do programa de pós-graduação em desenvolvimento rural da Universidade Federal do Rio Grande do Sul.

[69] 22/9/2003.

perar dilemas que a impedem de sair do papel e se tornar uma realidade pacífica e definitiva.

O tema continua sendo usado politicamente como arma (muito mais de ataque do que de defesa) entre situação e oposição. Nas campanhas eleitorais, o anúncio de metas impossíveis tornou-se quase que obrigatório. E, nos governos, as verbas e as iniciativas acompanham o ritmo e o local dos conflitos, em detrimento de um eventual planejamento sustentável de assentamentos.

Tanto o governo como os sem-terra, além de alguns setores ruralistas, falam de sua necessidade e urgência, mas pouco se faz para agilizar tal processo, como alterar critérios de desapropriação e desburocratizar a expropriação de áreas flagradas com trabalhadores em situação análoga à escravidão e plantações de culturas ilegais de plantas psicotrópicas (como maconha, por exemplo).

Além disso, o MST, porta-voz dos sem-terra diante do governo e da imprensa, completou 20 anos em janeiro de 2004 com ações muitas vezes violentas e uma estrutura não institucionalizada que o impede de ganhar o apoio que tanto busca da classe média. E ainda dá combustível para os reclamos da bancada ruralista e de fazendeiros.

Na agenda oficial do governo, enxerga-se no papel uma reforma agrária como política social e econômica, sob os critérios básicos da paz e da lei. Na prática, porém, é pagar (e torcer) para ver.

CRONOLOGIA

1850 – Em 18 de setembro, é publicada a lei número 601, a chamada Lei de Terras, que aponta a compra em dinheiro como a única opção de acesso a terras devolutas. A lei é mantida pela Constituição de 1891 e pelo Código Civil de 1917.

1945 – Termina a ditadura de Getúlio Vargas e surgem as Ligas Camponesas, com o apoio do Partido Comunista Brasileiro (PCB).

1954 – Para coordenar as ações camponesas, o PCB cria a União dos Lavradores e Trabalhadores Agrícolas (Ultab). Surge, no interior de Pernambuco, a segunda versão das Ligas Camponesas.

1961 – Acontece, em Belo Horizonte, em 17 de novembro, o Primeiro Congresso Nacional dos Lavradores e Trabalhadores Agrícolas, organizado pela Ultab.

1962 – Governo regulamenta o direito à organização sindical dos trabalhadores rurais.

1963 – Em março, o Congresso Nacional aprova o Estatuto do Trabalhador Rural. E, em novembro, é criada a Confederação Nacional dos Trabalhadores na Agricultura (Contag), com a união de sindicatos ligados à Ultab e a Igreja Católica.

1964 – Em março, ocorre o golpe dos militares que tira do cargo o presidente João Goulart. Na seqüência, movimentos como o Master e as Ligas Camponesas são perseguidos e extintos. Em 30 de novembro, é publicado o texto do Estatuto da Terra, que considera passíveis de desapropriação as terras improdutivas.

1975 – É criada a Comissão Pastoral da Terra (CPT), braço agrário e progressista da Igreja Católica.

1979 – Cerca de 110 famílias, em 7 de setembro, invadem a fazenda Macali, em Ronda Alta (RS). É considerado, simbolicamente, o início da "gestação" do MST.

1982 – Seminário da CPT, em Goiânia, em setembro, reúne 22 agentes de pastoral e 30 lideranças sem-terra, posseiros, meeiros e arrendatários, de 17 estados do país. É levantada a idéia da criação de um movimento nacional dos sem-terra, autônomo em relação à Igreja Católica.

1984 – Em janeiro, o Primeiro Encontro Nacional dos Sem-Terra, em Cascavel (PR), reúne representantes de 12 Estados (RS, SC, PR, SP, MS, ES, BA, PA, GO, RO, AC e RR). É criado o Movimento dos Trabalhadores Rurais Sem Terra (MST).

1985 – Governo José Sarney anuncia o primeiro Plano Nacional de Reforma Agrária, que previa o assentamento de 1,4 milhão de famílias em cinco anos (somente 83 mil, porém, foram beneficiadas no período). Um grupo de proprietários de terra cria a União Democrática Ruralista (UDR) para defender os interesses dos fazendeiros na Constituinte 1987-88.

1993 – Em 25 de fevereiro, é sancionada a Lei Agrária (de número 8.629), que regulamentou artigos aprovados na Constituição de 1988 e deu ao Poder Judiciário a condição de aprovar ou não uma desapropriação.

1995 – Em Corumbiara (RO), em 9 de agosto, ocorre um massacre, com saldo de dez sem-terra e dois policiais militares mortos.

1996 – Em Eldorado do Carajás, no sul do Pará, 19 sem-terra são assassinados por policiais militares durante a desobstrução de uma estrada. O massacre ocorreu no dia 17 de abril.

1997 – Em fevereiro, marcha dos sem-terra leva cerca de 50 mil pessoas a Brasília. Em 17 de abril, dia da chegada da marcha, é lançado o livro *Terra*, com fotos de Sebastião Salgado e textos do escritor português José Saramago, acompanhado de uma canção ("Assentamento") de Chico Buarque

2000 – O governo FHC edita medida provisória que impede por dois anos vistorias e desapropriações em áreas invadidas e também exclui do programa de reforma agrária trabalhadores rurais envolvidos em invasões.

2003 – Lula assume a Presidência e, em novembro, lança outro Plano Nacional de Reforma Agrária, com a meta de assentar 400 mil famílias até 2006. No primeiro ano de governo, promete assentar 60 mil famílias, mas apenas 36,8 mil são beneficiadas.

2005 – Em maio, para pressionar o governo Lula, 15 mil integrantes do MST percorrem a pé os 200 km entre Goiânia e Brasília. É a maior marcha já organizada pelo movimento.

Famílias de sem-terra montam barracas em área do assentamento Ibitiúva, no município de Pitangueiras, SP (27/8/2003)

BIBLIOGRAFIA

Comissão Pastoral da Terra, *Conflitos no Campo – Brasil 2003*. Goiânia: Editora Gráfica Terra, 2004.

Bernardo Mançano Fernandes, *A Formação do MST no Brasil*. Petrópolis: Editora Vozes, 2000.

___, *A Reforma Agrária*. São Paulo: Editora Ática, 2004.

___ e João Pedro Stedile, *Brava Gente – A Trajetória do MST e a Luta pela Terra no Brasil*. São Paulo: Editora Fundação Perseu Abramo, 1999.

Jacques Lambert, *América Latina*. São Paulo: Editora Nacional, 1979.

Sérgio Leite, Beatriz Heredia, Leonilde Medeiros, Moacyr Palmeira e Rosângela Cintrão, *Impactos dos Assentamentos – Um Estudo Sobre o Meio Rural Brasileiro*. São Paulo, Editora Unesp, 2004.

José de Souza Martins, *Reforma Agrária: O Impossível Diálogo*. São Paulo: Edusp, 2000.

Leonilde Servolo Medeiros, *Reforma Agrária no Brasil – História e Atualidade da Luta pela Terra*. São Paulo: Editora Fundação Perseu Abramo, 2003.

Mitsue Morissawa, *A História da Luta pela Terra e o MST*. São Paulo: Expressão Popular, 2001.

Fernando Sanz-Pastor, *A Urgência da Reforma Agrária – Um Enfoque Histórico*. São Paulo: Nerman, 1988.

José Graziano da Silva, *O Que é Questão Agrária*. São Paulo: Brasiliense, 1980.

Gerd Sparovek, *A Qualidade dos Assentamentos da Reforma Agrária Brasileira*. São Paulo: Páginas & Letras Editora e Gráfica, 2003.

João Pedro Stedile (org.), *História e Natureza das Ligas Camponesas*. São Paulo: Expressão Popular, 2002.

José Eli da Veiga, *O que é Reforma Agrária*. São Paulo: Brasiliense, 1981.

___, *O Desenvolvimento Agrícola: Uma Visão Histórica*. São Paulo: Hucitec, 1991.

Eric R. Wolf, *Guerras Camponesas do Século XX*. São Paulo: Global Editora, 1984.

SOBRE O AUTOR

Eduardo Scolese é repórter da Sucursal de Brasília da *Folha de S.Paulo* desde janeiro de 2004. Jornalista paulistano formado pela Fiam, especializou-se em jornalismo internacional e político na PUC-SP.

Na *Folha de S.Paulo*, onde está desde 1998, passou pelos cadernos "Dinheiro" e "Brasil", pelo plantão-geral da madrugada e pela reportagem da Agência Folha. Em 2002, recebeu o Prêmio Folha de Jornalismo como co-autor da série de reportagens sobre os balanços inflados da reforma agrária do governo FHC.

FOLHA
EXPLICA

Folha Explica é uma série de livros breves, abrangendo todas as áreas do conhecimento e cada um resumindo, em linguagem acessível, o que de mais importante se sabe hoje sobre determinado assunto.

Como o nome indica, a série ambiciona *explicar* os assuntos tratados. E fazê-lo num contexto brasileiro: cada livro oferece ao leitor condições não só para que fique bem informado, mas para que possa refletir sobre o tema, de uma perspectiva atual e consciente das circunstâncias do país.

Voltada para o leitor geral, a série serve também a quem domina os assuntos, mas tem aqui uma chance de se atualizar. Cada volume é escrito por um autor reconhecido na área, que fala com seu próprio estilo. Essa enciclopédia de temas é, assim, uma enciclopédia de vozes também: as vozes que pensam, hoje, temas de todo o mundo e de todos os tempos, neste momento do Brasil.

1	MACACOS	Drauzio Varella
2	OS ALIMENTOS TRANSGÊNICOS	Marcelo Leite
3	CARLOS DRUMMOND DE ANDRADE	Francisco Achcar
4	A ADOLESCÊNCIA	Contardo Calligaris
5	NIETZSCHE	Oswaldo Giacoia Junior
6	O NARCOTRÁFICO	Mário Magalhães
7	O MALUFISMO	Mauricio Puls
8	A DOR	João Augusto Figueiró
9	CASA-GRANDE & SENZALA	Roberto Ventura
10	GUIMARÃES ROSA	Walnice Nogueira Galvão
11	AS PROFISSÕES DO FUTURO	Gilson Schwartz
12	A MACONHA	Fernando Gabeira
13	O PROJETO GENOMA HUMANO	Mônica Teixeira
14	A INTERNET	Maria Ercilia
15	2001: UMA ODISSÉIA NO ESPAÇO	Amir Labaki

16 A CERVEJA — Josimar Melo
17 SÃO PAULO — Raquel Rolnik
18 A AIDS — Marcelo Soares
19 O DÓLAR — João Sayad
20 A FLORESTA AMAZÔNICA — Marcelo Leite
21 O TRABALHO INFANTIL — Ari Cipola
22 O PT — André Singer
23 O PFL — Eliane Cantanhêde
24 A ESPECULAÇÃO FINANCEIRA — Gustavo Patu
25 JOÃO CABRAL DE MELO NETO — João Alexandre Barbosa
26 JOÃO GILBERTO — Zuza Homem de Mello
27 A MAGIA — Antônio Flávio Pierucci
28 O CÂNCER — Riad Naim Younes
29 A DEMOCRACIA — Renato Janine Ribeiro
30 A REPÚBLICA — Renato Janine Ribeiro
31 RACISMO NO BRASIL — Lilia Moritz Schwarcz
32 MONTAIGNE — Marcelo Coelho
33 CARLOS GOMES — Lorenzo Mammì
34 FREUD — Luiz Tenório Oliveira Lima
35 MANUEL BANDEIRA — Murilo Marcondes de Moura
36 MACUNAÍMA — Noemi Jaffe
37 O CIGARRO — Mario Cesar Carvalho
38 O ISLÃ — Paulo Daniel Farah
39 A MODA — Erika Palomino

40	ARTE BRASILEIRA HOJE	Agnaldo Farias
41	A LINGUAGEM MÉDICA	Moacyr Scliar
42	A PRISÃO	Luís Francisco Carvalho Filho
43	A HISTÓRIA DO BRASIL NO SÉCULO 20 (1900-1920)	Oscar Pilagallo
44	O MARKETING ELEITORAL	Carlos Eduardo Lins da Silva
45	O EURO	Silvia Bittencourt
46	A CULTURA DIGITAL	Rogério da Costa
47	CLARICE LISPECTOR	Yudith Rosenbaum
48	A MENOPAUSA	Silvia Campolim
49	A HISTÓRIA DO BRASIL NO SÉCULO 20 (1920-1940)	Oscar Pilagallo
50	MÚSICA POPULAR BRASILEIRA HOJE	Arthur Nestrovski (org.)
51	OS SERTÕES	Roberto Ventura
52	JOSÉ CELSO MARTINEZ CORRÊA	Aimar Labaki
53	MACHADO DE ASSIS	Alfredo Bosi
54	O DNA	Marcelo Leite
55	A HISTÓRIA DO BRASIL NO SÉCULO 20 (1940-1960)	Oscar Pilagallo
56	A ALCA	Rubens Ricupero
57	VIOLÊNCIA URBANA	Paulo Sérgio Pinheiro e Guilherme Assis de Almeida
58	ADORNO	Márcio Seligmann-Silva

Este livro foi composto nas fontes
Bembo e Geometr 415 e impresso em
abril de 2008 pela Gráfica Corprint,
sobre papel offset 90 g/m².